東日本大震災後の子ども支援

震災子ども支援室（"S-チル"）の 10 年

加藤道代・一條玲香　　編著

東北大学出版会

Support for Children after the Great East Japan Earthquake:

A decade of the Support Office for Children Affected by the Disaster ("S-chil")

Michiyo KATO , Reika ICHIJO

Tohoku University Press,Sendai

ISBN 978-4-86163-350-8

［目次］

第1章　震災子ども支援室の設立経緯と活動の展開

1. 震災子ども支援室の開室

　2011年3月11日の東日本大震災により両親をなくした子どもたち（いわゆる震災孤児）は253人、両親のいずれかをなくした子どもたち（震災遺児）は1574人を数えた[1]。震災直後は、地震に伴う津波被害の大きさから、相当数の震災孤児が出ることが懸念され、沿岸部を管轄する児童相談所職員は、自治体派遣職員の応援を得ながら、避難所や再開した保育所、幼稚園、学校を訪問して震災孤児や要保護児童の把握作業を行っていた。同時に、県内の受け入れ体制整備とともに、全国の施設や里親の受け入れ要請を進めていた。しかし結果的には、ほとんどの子どもたちが親族によって引き取られることとなった。

　こうした状況下、東北大学大学院教育学研究科に、個人篤志家より、「震災で親をなくされた子どもの支援に役立ててほしい」という10年間にわたる多額の寄附金の申し出が寄せられた。研究科はこれを原資として、「震災子ども支援室（通称"S-チル"）」を立ち上げ、寄附者の意向を受けて震災遺児・孤児に対する長期的支援に踏み出すこととなった。

---

[1] 復興庁（2015）によると、震災孤児は241人、震災遺児は1537人である。本書では、2014年時点での各自治体への聞き取りによる各県の統計データを使用した。岩手県は、文部科学省と同一の定義を用いており、震災孤児については「大震災により両親が亡くなったまたは行方不明となった児童のこと（ひとり親家庭でひとり親が亡くなった。または行方不明となった児童も含む）。児童の年齢は震災発生時に18歳未満であったものをいう」、震災遺児については「大震災でひとり親となった児童のこと。児童の年齢は震災発生時に18歳未満であったものをいう（震災発生時に胎児であった児童を含む）として算出している。他方、宮城県、福島県では震災孤児・震災遺児の年齢について、「震災発生時点18歳未満で分けるのではなく、18歳以下の子ども」とする定義（すなわち「当時高校3年生だった生徒を全て対象」とする定義）にて算出している。

2. 被災 3 県沿岸自治体への訪問と視察

　最初に行ったのは、被災地の視察訪問であった。2011 年 9 月から 12 月まで、岩手、宮城、福島 3 県の被災自治体、児童相談所等を訪れてお話をうかがった。視察を通じて、具体的な支援の内容と方法を考えること、自治体や施設に、震災子ども支援室を広報することが目的であった。

　しかし、視察を繰り返すほどに、感じるのは無力感ばかりであった。仙台市に置かれた震災子ども支援室は、広域から想定される相談ニーズに対し、俊敏な機動力は期待できない。少ないスタッフでの対応にも多くの限界がある。被災地に身を置いて集約的かつ親密に激甚被災地支援の役目を果たしている他の支援団体を心強く感じながらも、震災子ども支援室にできることについて、より現実的に探る必要があった。

　また、全てを喪失した被災地において、遺児・孤児だけを対象としてとりあげる支援への疑問も強くなるばかりだった。親をなくさなくても、子どもたちは皆、多大な喪失を経験していた。祖父母やきょうだい、友人をなくした喪失感や、家や学校、故郷が流された喪失感など、あらゆる悲しみがそこにあり、決して支援の対象として境界を引けるものではない。実際的にも、遺児・孤児がどこに存在するかということは、震災子ども支援室が知るところではない高度な個人情報であり、どのようにアプローチするかという問題は大きかった。

　震災子ども支援室は、どこにいる誰に向けてどのように支援活動をしていけばよいのか。多大な無力感の中、それでもなお、訪問でお会いする自治体の方々の切実な声は、強く心に響いた。当時、加藤（室長）が記した私的メモからごく一部を紹介する（**表 1-1**）。

　やらなければならない膨大なことの中から、震災子ども支援室にできることをとりあげることは、見渡す限りの砂漠の中でひと粒の砂を拾い上げるような気持ちであった。しかしそのひと粒は、拾い上げられなければならないひと粒でもある。この訪問と視察を終えた後、加藤は、メ

モの最後に箇条書きで以下のように感想をまとめている（**表 1-2**）。

表 1-1　自治体ヒアリングメモ（一部抜粋：加藤）

・とにかく長くかかる
・今ある支援がいつまで続くかが心配
・後方支援が必要
・大事なのは支援期間
・これまで支援とは無縁だった人たちが震災で支援を受けることになった大変さがある
・我々は、職務上そこにいるだけなので、どう対応したらいいかわからない
・相談窓口はたくさんあった方がいい。そして後ろでつながっていてくれるとありがたい
・この地に専門職を育てて根づかせたい。だから現職研修をしてほしい
・大学として専門家を育ててほしい
・無料は本当にありがたい
・児童相談所はどうしても待ちの姿勢になる。相談場所があると助かる
・被災沿岸地域は、時が止まったようだ。長く支援してもらえるということは、被災が忘れられていないということになる
・福島の子どもたちは過酷な状況にある
・表土改善が先決の状態。実態は追えていない。みんな大変
・放射能の影響が子どもに及ぶ不安から、家族が分離し全国各地にいる
・県外避難は激増している
・福島の事態は終わっていない。続いている

表 1-2　ヒアリングメモ（感想）まとめ（一部抜粋：加藤）

1. 支援が必要な子どもは、「遺児・孤児」に限らない。大事な存在をなくした子どもだけでもない。「大切なものや人を失った子どもたち全体」である。
2. 支援が必要なのは、「子ども」に限らない。子どもを支えている大人も被災者であり、大きく揺らいでいる。支援者も困っている。皆が疲れている。当事者支援は、子ども支援、保護者支援、専門家への後方支援、支援者支援が必要である。
3. 現在はどこもひとつひとつに精一杯の状態。大変さはこれから。10 年間、看板を掲げ続けることは必要なこと。
4. 支援組織は数多いが、現在は東日本大震災にかかわっていても、次の課題（災害・事件）が起これば、優先事項が変わる組織もある。震災子ども支援室は、継続して東日本大震災に関わることができる。いずれ震災の相談が減っていくとしても、「震災子ども支援室」であることには意味があるはず。
5. 時間の中で自治体も学校も担当者は変わる。震災子ども支援室は同じスタッフで。
6. 里親は悩みが多いが、行政には相談しにくいこともある。里親たちが集えるサロンがあると良い。
7. 遠くに離れていても、いつでも無料で使える相談。フリーダイヤルの電話相談を始めたい。

3. 震災子ども支援室の 4 本の柱

　開室に関わりのあった本郷一夫教授（現名誉教授）は、震災子ども支援室の行う支援について、「時間の中での支援」、「関係の中での支援」、「文化を考慮した支援」、「子どもと子どもを取り巻く人々への支援」という 4 本の柱を掲げて、その理念を表した（本郷, 2012）。

　子どもの自己形成の中で、体験の意味も、子どもの抱える問題も変わってくる。子どもと保護者との関係も変化する。「時間の中での支援」は、今すぐの問題だけではなく、後に出てくる問題も考慮に入れながら、10 年間の継続的な支援を行うことを示している。「関係の中での支援」では、体験や悩みを語るには、信頼できる人との関係が必要であることを重視し、スタッフが原則として 10 年間は関わることを示した。「文化を考慮した支援」は、様々な地域には様々な思いがあることを考慮した支援が必要であることを示している。「子どもと子どもを取り巻く人々への支援」では、子どもに限定した支援ではなく、子どもを取り巻く大人、保護者、里親、保育士や教師などの方々を含めて支援をすること、「子ども」についても、法律的な子どもの規定にとらわれずに、ニーズに応じて支援していくことを示した。

　開室時に示されたこの 4 つの理念は、ニーズに基づく支援を行う際の枠組みとして、また時間の中で立ち止まり振り返る際の指針として、震災子ども支援室が拠って立つ「柱」となった。

　こうして、震災子ども支援室は、震災遺児孤児支援を優先としながらも、支援対象を "震災で大事な人やものをなくした子どもと、子どもを取り巻く大人" として広くとらえ、多様で柔軟な支援をめざした 10 年間の活動を行うこととなった。"S-チル" には、「3 月の震災後の相談のS から始まり、子どもたち（チルドレン＝チル）の健やかな成長と幸せを支えることを目ざすS」の意味を込めた。東日本大震災という非日常への対処だけではなく、震災後という日常の中でその後も育っていく子どもたちに、長期にわたって伴走していきたいという思いであった。

4. 震災子ども支援室の活動の模索ー「支援とは何か」を問いながらー

　震災子ども支援室は、最初から被災した子どもたちの相談を受けることができたわけではなかった。子ども支援を行う組織や団体と連携しながら、子どもたちの相談や、震災で親をなくした子どもたちへの支援を本格的に実施できるまでには、多くの時間がかかっている。

　実は、開室直後より、「今、遺児や孤児はどんな状況ですか？」「何人くらいの震災孤児に会っていますか？」といった質問を幾度も受けた。特にメディアの取材は、「遺児・孤児」の暮らしぶりに焦点があたっており、少しでも具体的な情報を社会に伝えたかったのだと思う。電話相談も里親サロン、研修や支援者支援も始まっていたが、「震災子ども支援室ではまだ直接に遺児・孤児の方々にお会いしていない」と回答する度に、無力感でいっぱいになった。寄附を下さる方々に、"成果"をお返ししなければならない気持ちも生じる。しかし実際は、震災子ども支援室を掲げながら、子どもへの支援については"何もしていない、何もできていない"という思いに苛まれていた。

　そしてその度、"支援とは何か"という問題に立ち戻ることとなった。特に繰り返し自問したのは、「誰にとって何がどのように支援となっているのか」という問いであった。

　子どもは、多くの場合、身近な大人たちによって支えてもらうことを望んでおり、また、それによって得られる安心ほど大きなものはない。殊に身の危険に迫る重大な出来事の後は、自分をよく知ってくれている身近な大人は、かけがえのない存在となる。それこそ、子どもが安心して頼るべき人である。

　しかし震災は、そうしたかけがえのない身近な大人にも、到底受け止めることのできない衝撃を与えていた。震災後の大人にとって、子どもの存在が張り合いや使命感となっていることは事実だが、自分自身の苦しさや疲れは間違いなく続いていた。子どもは子どもなりに、大人の大変さをよく理解していて、大人を心配させてはいけないようにふるまっ

ている。もし大人が少しでも気持ちを楽にもてるとすれば、それは、子どもにとってもほっとできることである。保護者や支援者が、子どもの前では出せない感情を語り、いつもと違う子どもの姿、あるいはこれほどの出来事の後なのにいつもと変わらないように見える子どもの姿への心配や、子どもに対応する際の様々な不安や迷いを相談することは、自身の気持ちの安定につながり、ひいては子どもの育つ環境を整えることとなる。子どもの身近に存在する保護者や支援者に対する支援は、間接的で遠回りであっても、子どもの生活環境を尊重した"子ども支援"としての意味をもつのである。

　必要なのは、震災子ども支援室のための支援ではない。こちらが良かれと思っても、相手のニーズに合っているとは限らない。他の支援者が行う方が被支援者にとって良い場合もある。しかし、こちらが思い切って差し出してみると、意外に役に立つということもある。ニーズと支援者ができることはしっかり見極めなければならない。

　ところで、こうした自問自答を繰り返すことができたのも、被災地には全国から数多くの支援の手が差し伸べられていたからである。震災子ども支援室にはないそれぞれの強みを活かした多種多様な活動がなされていた。子どもたちの傍には保育士や教師、スクールカウンセラーはじめ、多くの専門職がついていた。震災子ども支援室が時間をかけて、ニーズを探りながら活動を模索することが許されたのは、多くの支援が震災直後から力強く動いていたお陰であった。

5. 震災子ども支援室の活動の概観

　以下に、震災子ども支援室の活動の変遷を示す（**表** 1-3）。それぞれの事業の開始時期から、震災子ども支援室の活動の展開をまとめた。

　開室から時系列でまとめた**表** 1-3 の事業を、あらためて内容面から概観すると、以下の 6 つに分類することができる。被災地の状況や社会全体の震災支援状況の変化に伴い、震災子ども支援室の活動も緩やかに変

化をしている。

表1-3　震災子ども支援室の変遷

2012年1月〜5月 <準備と始動>	被災地視察、相談事業の開始、ポスター・チラシ・カードを作成配布（図1-1, 1-3）、ホームページ・Facebookの立ち上げ、地域関連機関との連携、シンポジウム開催
2012年度 <支援室の体制整備>	**運営マニュアル**：事業マニュアルや対外的なルール整備 **相談支援**：スタッフとして、臨床発達心理士、保健師を採用。相談受付のインテークと事務のために1名を増員。 **親族里親サロン**：東部児童相談所、宮城県里親会と共催で立ち上げ **支援者支援／後方支援**：東部児童相談所の里親担当者にむけたスーパーバイズ（担当者がケース対応するための支援的助言）、あしなが育英会東北事務所スタッフに向けたストレスマネジメント **研修／講演活動**：支援者や専門職に対する研修・講演および講師派遣、父子家庭の理解のための講演会 **関係機関との連絡会議**：市町村や行政関連機関への訪問、「南三陸町子ども支援連絡調整会議」を立ち上げ
2013年度 <体制整備と強化>	**運営マニュアル／組織体制**：運営指針の作成、ひやりはっと・インシデント報告書作成、外部講師による相談員へのスーパービジョン体制、相談員の研修整備 **調査活動**：親族里親へのヒヤリング調査『この子を育てる（2014）』 **心理教育**：沿岸激甚被災地の中学校への出前授業（演題「思春期とストレス」）、小中高教諭対象の研修講話（演題「学校・家庭・地域の連携が子どもの道徳性発達に与えるもの〜つながる大人の中で育つということ〜」）。いずれも、「震災」を前面に掲げたものではなく、対象者のおかれた状況や震災の影響を十分に配慮しながら、被災地の学校生活に活かしてもらうことを目指した。 **震災遺児家庭対応**：石巻を中心とした震災遺児家庭支援事業への助言指導（翌年以降の震災遺児家庭サロンにつながる） **ストレスマネジメント事業**：あしなが育英会東北事務所に対するストレスマネジメントの終了

2014 年度 ＜子どもへの対応の展開＞	**遺児家庭サロン**：東部保健福祉事務所との共催で石巻において定期的開催（2 か月に 1 度） **震災孤児家庭を対象とする講演会**：「未成年後見人制度・里親制度についての研修会」実施（気仙沼、石巻、仙台） **青年用チラシの作成**：高校卒業後の震災遺児・孤児を対象とし、特に、「地元を離れても利用可能」であること、「東北の文化を尊重したかかわり」であることを伝える青年用チラシ・カードを作成（図 1-2）
2015 年度 ＜震災遺児・孤児への直接支援＞	**遺児・孤児学習支援"しゅくだい塾"**：あしなが育英会（初年度は、里親会を含む 3 者共催）との協働で、学習支援を開始（石巻・陸前高田） **震災遺児・孤児との座談会**：みちのく未来基金（東日本大震災で親をなくした子どもたちの高校卒業後の進学を支援する団体）の協力を得て、基金から支援を受けているみちのく生と 4 回にわたり座談会を実施（2015 年 3 月～ 2016 年 9 月）。のべ 12 名が参加。
2016 年度 ＜これまでの活動を振り返り、今後の方向性を再考する＞	**組織体制**：外部講師による相談員へのスーパービジョン、相談員への研修の見直し **遺児家庭サロン**：震災遺児家庭への調査報告書『東日本大震災で親御さんをなくされたお子様を養育なさっているご家庭へのアンケート』（2016）を作成
2017 年度～ 2019 年度 ＜知見を遺す、次世代へ引き継ぐ＞	**事業のまとめ**：これまで実施した事業とその成果を整理し、国内学会、国際学会等で報告、論文化 **調査活動**：震災遺児・孤児への学習支援を通した学生の学びに関する研究（一條・加藤，2018）、緊急派遣 SC に関する調査（2018 年度～ 2019 年度）、『この子を育てて（2019a）』、『震災里親家庭及び養育に関する調査報告書（2019b）』 **シンポジウム**：「高校生・大学生がみつめる被災地の現在（いま）」を開催 **研究会**：「震災こころのケア研究会（通称 D 研）」を主宰。学会発表、研究交流会の実施 **心理士派遣事業**：山元町、南三陸町、七ヶ浜町の母子保健事業に従事する心理士を派遣。乳幼児健診、発達相談、保育所・幼稚園への巡回相談等に従事。（2018 年～） **データベース**：D 研の活動をもとに震災関連の論文をデータベース化し、HP に掲載 **オープンキャンパス**：震災子ども支援室の活動と東日本大震災について展示、解説を実施（パネル、ポスター、報告書等展示）

Ⅰ.**情報収集とニーズの把握**…被災自治体などの関係機関への訪問、関係会議への出席、関係団体・関係者の来室対応、座談会を通じた当事者へのヒヤリングといった情報交換を通じた被災地および震災支援の状況把握に関する活動である。支援を始めるにあたって、被災地のニーズを探り、何かできるかを模索しながら支援室の活動を組み立てていった開室 1 〜 3 年目がピークであった。活動 4 年目の 2014 年には、開室当初つながることの難しかった遺児・孤児たちとつながり、座談会を開催することができた。以降 3 年間、遺児・孤児から直接必要な支援について情報収集を行った。

Ⅱ.**普及・啓発**…震災子ども支援室が主催したシンポジウム・公演会・研修会、依頼を受けて実施した研修・講演・出前授業、広報活動・報告書作成など、広く震災や震災支援について知ってもらうための活動である。普及・啓発事業は、はじめの 1 〜 4 年目にかけて活発に行われた後、徐々に落ち着き、2018 年以降再び増加した。初期には震災子ども支援室が開室したことを知らせる広報活動とともに、大学の役割としてシンポジウム・講演会・研修会開催が求められたことも理由のひとつである。2018 年度以降は、これまでの知見を後世に遺すことを重視したため、研究スタッフを中心に研修や調査をもとにした報告書や活動のまとめを行った。

Ⅲ.**当事者支援**…相談支援、親族里親サロン、ひとり親サロン、遺児・孤児学習支援など、被災者を対象とした活動である。相談支援は、開室 3 年目をピークに減少した。親族里親サロンは、2012 年の開始から 7 年間、年 8 回以上のペースで恒常的に行なわれてきた。しかしながら 2019 年以降は里子の措置解除[2]に伴い、参加する里親が減少したため活動も減少した。東部保健福祉事務所とともに実施した遺児家

---

[2] 里親委託措置を解除すること。原則、18 歳に達すると児童福祉法の適用範囲外になるため里親への委託措置が解除される。

庭サロンは、2013年から活動を開始し4年間継続したが、生活実態および支援ニーズ調査を行ったところ、年月の経過とともに再婚等で家族形態が変化するなど支援ニーズにも変化があることがうかがえた。このため、東部保健福祉事務所と相談の上、遺児家庭に向けた直接的な支援が求められる時期は超えたと判断し、その後は通常の行政支援でカバーしていくことを決定した。これに対して、遺児・孤児学習支援は、2015年の2回から回数を増やして年3～4回行われるようになった。

Ⅳ. 支援者支援…支援者を対象としたストレスマネジメントやスーパーバイズ、研修、また支援者・組織の活動への援助である事業運営協力や被災自治体への心理士派遣事業があげられる。支援者支援は、開室2、3年目の初期と8年目以降の後期に活動が多く行われていた。初期の活動は、支援者に対するストレスマネジメントや里親担当者へのスーパーバイズの他、研修講師の依頼が中心であったが、支援者が自身で対応できるようになるとともに次第に減っていった。一方、後期の支援者支援では、震災子ども支援室閉室後の地域支援を考えた心理士・保健師派遣や新たに発生した災害に関する支援者支援を実施した。

Ⅴ. 体制の強化…震災子ども支援室スタッフの対応力の向上を目的とする講習会・研修会への参加やスタッフ向けのスーパーバイズなどがあげられる。開室2～4年目まで重点的に実施されてきたが、相談員自身が対応力を身に着けていたこと、検討を要する集中的な面接事例が減少したという相談報告を受けて、体制強化に関する事業は縮小していった。

Ⅵ. 調査・研究…学会・シンポジウムでの発表、調査、論文発表、研究
　会の主催など、調査・研究に関する事業である。2021 年 3 月の閉室
　を見据え、これまでの知見を後世に遺すことを目的として、2017 年
　度に常勤の研究スタッフが加わり、2017 年度と 2018 年度の調査・研
　究活動は増加した。2019 年度以降はそれまでの知見を報告書にまと
　めたり、書籍を作成したりすることに力点が置かれた。

6. 本書がめざすもの

　大災害後におけるこころのケアの重要性が指摘される一方で、実際に
行われた相談支援活動の特徴や相談内容の傾向、活動の意義や課題につ
いての（特に子どもに関する）記録は、必ずしも十分ではない。一條・
加藤（2017）の文献レビューによれば、阪神淡路大震災および東日本大
震災に関して入手可能な文献において、報告されている相談データの集
計期間は、概ね発災から 1 年以内であり、1 年を超える長期的な相談支

図 1-1　震災子ども支援室チラシ

図 1-2　青年用チラシ

震災子ども支援室のポスター、チラシは、各自治体、関係機関に送付された他、宮城県では
2012 年度から 2019 年度まで、岩手県では 2015 年度から 2019 年度まで、福島県では 2016 年
度から 2019 年度まで、国公立小中高・特別支援学校の全生徒に、1 年に 1 回、配布された。
相談電話をかけてきた保護者が、「チラシをずっと持っていた。ようやく電話をかけられた」
と話していたこともある。また、東北大学のオープンキャンパス時には、訪れた高校生が、
震災子ども支援室の展示室でこのポスターとチラシを見て「これ、知ってる！」と声をあげ
てくれたこともあった。

図 1-3　震災子ども支援室カード

携帯用として、名刺サイズのカードを作成した。なお、震災子ども支援室の刊行物（ポス
ター、チラシ、カードその他）には、ブドウがマスコットとして使用されている。ブドウの
一粒と一粒が電話でつながっていたり、その房にそっと優しく手を添える様が描かれたこれ
らの絵は、東日本大震災で被災地となった東松島市の小学 6 年生（2012 年当時）が、震災子
ども支援室のために描いてくれたものである。

援活動の報告は少なかった。このため、発災初期の状況を知ることはできても、その後の相談内容や相談ニーズおよびその経時的変化をとらえることは困難である。また、子どもに関する問題の相談者の多くは母親であり、子ども本人からの相談は少ない。年代的にみても、就学前の子どもに関する相談が多いためか、比較的低年齢の子どもにおける発災初期ストレス反応が多く報告される傾向がうかがえた。

　これらを踏まえると、本書が目指すのは、何よりもまず、震災後のこころの相談の長期的記録である。第2章以降では、**当事者支援事業**（第2章「相談支援」、第3章「親族里親サロン」、第4章「遺児家庭サロン」、第5章「遺児・孤児学習支援"しゅくだい塾"」）、**支援者支援事業**（第6章「支援者へのストレスマネジメント支援と研修支援」、第7章「会議・事業運営協力『南三陸町子ども支援連絡調整会議』」、第8章「心理士派遣」）、**調査・研究事業**（第9章「次世代への継承」）を取り上げ、それぞれの活動概要を紹介し、関わって下さった支援室外の方々からの声も集めながら、何ができて何ができなかったかを検討し、残された課題についても考えたい。

　支援室の性質上、相談者や関係者の個人情報や相談事例の記述は行わない。そのため、個人が特定されない形での相談内容分類や分析、インタビュー調査をもとに集められた里親の言葉、里親サロンや遺児・孤児対象の学習支援に携わった方々の目を通した当事者の様子や変化、震災後の子どもの様子を話し合う会議で扱われた議事内容の変化、震災後生まれの子どもに向き合う母子保健や保育の場に関わる心理士の声、震災当時の"子ども"が行うその後の震災支援活動などの記録を通じて、被災地の子どもと子どもを育てる保護者や支援者にとっての「長い災後」を描こうと考える。

　同時に本書は、それぞれの事業の趣旨、開始の経緯や方針、外部資源とのつながり、実施方法や難しさなど、できるだけ具体的な運営面についても記述するように努めた。近年、日本各地では、大きな災害が次々に起こっている。それぞれの災害は個々に異なっており、震災子ども支

援室の経験はそのまま活かせるわけではない。しかし、東日本大震災後の様々な時期に支援室が直面したこと、求められたこと、自問自答、試行錯誤しながら積み重ねてきたことを、同様の活動を行う方々に少しでも役立てていただければ幸いである。

参考文献・資料

復興庁（2015）．震災で親を亡くした子どもへの支援状況について　復興庁　Retrieved form https://www.reconstruction.go.jp/topics/main-cat2/sub-cat2-7/20151007_iji-koji_shienjoukyou.pdf（2020年7月7日）

本郷一夫（2012）．震災子ども支援室の取り組み　震災子ども支援室（編）震災子ども支援室開室記念シンポジウム報告書「親を亡くした子どもに対する支援の中長期的展望」（pp.53-63）　東北大学大学院教育学研究科

一條玲香・加藤道代（2017）．震災後のこころの相談支援活動に関する文献を概観して　東北大学大学院教育学研究科研究年報，66（1），225-242.

Reika, Ichijo & Michiyo, Kato（2017）. Investigation of the Children's Support Office's Efforts to Support Mental Healing. World Bosai Forum/IDRC2017 in Sendai, Nov.25th-28th.

一條玲香・加藤道代（2018）．震災遺児・孤児への学習支援を通した学生の学びに関する研究　東北心理学研究，68，51

加藤道代（2014）．震災子ども支援室「S-チル」の子ども支援、保護者支援．慶應義塾大学出版会　教育と医学，730（4），52-59.

加藤道代（2016）．遺児家庭調査報告書　東日本大震災で親御さんをなくされたお子様を養育なさっているご家庭へのアンケート実施報告書　東北大学大学院教育学研究科

加藤道代・丸山和昭（2015）子ども支援と心のケア　青木栄一（編）大震災に学ぶ社会科学　第6巻　復旧・復興へ向かう地域と学校（pp.199-228）　東洋経済新聞社

震災子ども支援室（2014）．この子を育てる　東北大学大学院教育学研究科

震災子ども支援室（2019a）．この子を育てて　東北大学大学院教育学研究科

震災子ども支援室（2019b）．震災里親家庭及び養育に関する調査報告書　東北大学大学院教育学研究科

<当事者支援事業>
第2章　相談支援

1.　目的と概要

　震災子ども支援室は、子どもと子どもを取り巻く周囲の人たちを対象に、震災と震災後の生活の中で生じた問題に対する心のケアを行うことを目指した。様々な取り組みを行う中でも、相談活動は最も直接的な当事者へのアプローチである。

　東日本大震災による被害は、青森、岩手、宮城、福島、茨城、千葉の6県62市町村に及び、震災後は被災地につながるインフラが壊滅状態の地域も多かった。宮城県仙台市に置かれた震災子ども支援室は、広域から想定される相談ニーズに対し、スタッフは少なく機動力は望めない。

　そこで支援室が最初に着手したのは、携帯電話からでも通話料無料で利用することのできるフリーダイヤル電話相談の設置であった。阪神淡路大震災の心のケア活動においても、電話相談は大きな活躍を見せ、臨床心理分野が電話相談に関心を向けるきっかけともなったとされる（高塚，2005）。さらに近年は、携帯電話やスマートフォンなどの急速な普及もあり、電話による相談は、非常に身近な相談手段となっている。支援室の活動においても、電話を通じて相談者とつながることは、相談活動の糸口あるいは土台と考えられた。電話相談の受付時間は、土曜、日曜、祝日を除く平日の9時から17時までとした。

　相談方法としては、フリーダイヤルの無料電話相談のほか、要請を受けた場合は訪問相談や来所相談を行った。震災子ども支援室の相談員には、臨床心理士／臨床発達心理士、保健師／看護師、社会福祉士／精神保健福祉士の3名を配置した。異なる職種の専門家を相談員としたこと

で、相談の内容により、適宜、各々の領域の強みを活かした対応を行う利点があった。相談の最後には、「支援室には3名の相談員がいます。差し支えなければ、皆でわかるようにしておくので、安心してまた電話をかけてください」と伝え、支援室内の情報共有の了解を得ていた。これにより、相談員が変わることで相談者が何度も同じ話をさせられてしまう事態を避けることができ、各相談員の専門領域を組み合わせながらの対応も可能となった。

電話相談は、単に被災地との距離を埋めてくれる補助的な支援手段というだけではない。例えば、電話を受けることで支援が開始され、その他の支援方法（訪問相談、来所相談、他機関の紹介など）に移行したり、一定の関わりが終了しても、その最終段階を電話相談とすることによって見守りを続けることも行われた。電話相談を設定することによって、個々の事例やその時々に合わせた多様な支援の組み合わせが可能となった。さらに、電話相談で語られる内容から、現在の被災地やその課題をうかがい知ることができ、支援ニーズを知る源となって、他の事業や活動を起こすことにつなげていくこともあった。こうした複数のアプローチの組み合わせによって継続的に関わることになった事例は少なくない。

相談活動の周知としては、岩手、宮城、福島3県の学校の児童生徒全員を対象に、教育委員会を通じて、震災子ども支援室のチラシとカードを配布していただいた。チラシ・カードを配布すると、それに呼応するように、必ず、相談数は増加した。このことからも、震災にまつわる相談が、時間とともに潜在化していることを強く感じた。後期になっても、初期に相談をしていた方から、何年もたって再び電話があったり、当時は幼かった子どもが自分で電話をかけてくれたり、入学、就職などの人生の節目や震災に関わる日には電話がかかってきたりと、利用者は様々な使い方をしてくれたと思われる。

ここでは、まず震災子ども支援室に寄せられた相談（電話・来所・訪問）全般を概観し、その傾向を報告する。その後、特に電話相談に焦点

をあて、相談員がどのような対応をしていたのかについて分類し、災害後の相談に求められることを考察する。これら相談結果のまとめに関しては、東北大学大学院教育学研究科研究倫理審査委員会による承認を得た（17-1-003）。

2.　支援室に寄せられた相談（電話・来所・訪問）

　相談活動には、本人、親族などの関係者相談をはじめ、支援者へのコンサルテーション、情報交換やケース会議といった他機関との連携といった活動も含まれる。これら相談活動の集計を行った（詳細については巻末資料を参照）。

①相談全体の傾向

　2012 年度から 2019 年度までの 8 年間で 513 人から 1615 回の相談を受けた。相談回数は 2013 年度の 271 回をピークに徐々に減少していった。2013 年度は、相談事業開設から 2 年目にあたり、震災子ども支援室が周知され始めたことで相談回数が増加したことが考えられる。震災 5 年目の 2015 年度以降は、減少の幅が大きくなっていった。震災からの時間の経過とともに、相談者が抱える問題と震災を直接結び付けることは難しくなる。被災経験があっても、相談者本人さえも震災の相談だとは明言しにくくなる場合も考えられる。震災子ども支援室では、まずは相談者の話を聞くという姿勢で相談に臨んできたが、「震災」という看板を掲げた相談室だけに時間の経過とともに相談回数が減少していったと考えられる。

　相談者を地域別にみると、約 8 割の相談が震災子ども支援室のある宮城県からの相談であった。2015 年度から岩手県、2016 年度から福島県の国公立小中高・特別支援学校にチラシの配布を行ったことで、同年度の岩手県、福島県からの相談が増加した。また、2018 年に発生した大阪府北部地震後の相談など、東日本大震災関連以外の相談も寄せられ

た。

　相談形態は、電話相談が多くを占めた。相談事業開始3年目までは多かった会議や訪問などアウトリーチ（外に出る）型の活動は、時間とともに減少した。その背景として考えられるのは、被災自治体や関係機関が開催する連絡会議の減少など、時間に伴うニーズの変化とともに、大学側の事情で出張の手段や計画を変更せざるを得なくなったこと、マンパワーの制約、付随して関係機関とのやりとりが電話やメールにシフトしてきたこと、面接室での相談が増えてきたことなど、支援室側の要因も含めて多岐にわたっている。一方、2017年度からは、メール相談が増加した。その背景には、子どもたちを含む日本社会へのICT（情報通信技術）の普及がある。そもそも震災子ども支援室の電話受付時間は平日の9時〜17時に設定されており、学校に通っている子どもたちが電話をかけるのは昼休みや放課後に限定されるという点で相談体制に限界があった。ところが、電話相談を開始した2012年4月以後の6年間は、スマートフォン普及率の爆発的な上昇の時期とも重なったことから（総務省，2017）、子どもたちもまたインターネットを介したコミュニケーションを身近に感じるようになったとみられ、それがメール相談の増加に繋がった可能性がある。また当支援室の電話相談の利用傾向においても、子ども本人からの相談数の増加がみられている。このように、子ども本人の相談しやすさについては、震災後の時間の経過との関係だけでは説明できない社会的要因、特に電話を取り巻く情報通信環境の変化も想定する必要がある[3]。なお、集計には含まれていないが、2020年度には新型コロナウイルスの感染拡大を受けて、対面相談をメール相談に置き換えた例もあった。

---

[3] 電話相談は、相談者が電話をかけることによって始まる関係である。したがって、電話相談の存在を伝える周知活動が重要となる。支援室では、支援室のホームページ、Facebookを通じて案内するとともに、毎年、岩手県、宮城県、福島県の自治体、関連機関のみならず、3県の学校の児童生徒全員に、チラシとカードを配布し、支援室や電話相談の周知を重ねた。

　相談内容は、「体調・精神不調」に関する相談が最も多かった。「子育て・発達」に関する相談が 2014 年度以降減少した一方で、「学校関係」に関する相談が多くなった。2014 年度以降は、本人相談なかでも「児童・生徒」からの相談が増加したため、「学校関係」に関する相談が増加したと考えられる。

　相談者は、本人からの相談が最も多く、次いで母親からの相談が多かった。子どもに関する相談では、母親が相談者であることが多いという指摘がある（神戸市児童相談所,1996；横田・岡崎,1996）。本相談室も子ども支援を掲げているため母親の割合が高くなったと考えられる。

②本人相談の傾向

　本人相談を相談者の属性でみると、大人と子ども（震災当時子どもだった「専門・大学生」）からの相談回数は、ほぼ同数であった（ただし、時間の経過とともに子どもから大人に属性が変化している）。「児童・生徒」からの相談が相談開始から徐々に増加し、2016 年度からは「専門・大学生」からの相談が寄せられるようになった。震災当時は幼児や小中学生だった子どもたちが、時間が経つにつれて、自分で相談し始めたと言える。また 2018 年度以降は学生から就職して属性が「有職」になってからも相談を受けることがあり、子どもから大人に成長していく過程で、子どもたちには継続的な相談ニーズがあることがうかがえた。

　大人（「無職」・「有職」・「不明」）・本人からの相談内容は、「体調・精神不調」に関する相談割合が最も高く、次いで家族関係・経済的問題などを含む「家庭環境」に関する相談が多かった。「体調・精神不調」では、震災で家族をなくし、精神不調に陥った例、「家庭環境」では震災により職を失い、ひとり親家庭で経済的な不安を抱えている例などがみられた。

　子ども（「児童・生徒」、「専門・大学生」）本人からの相談では、「学校関係」に関する相談が半数以上を占めた。「震災により内陸部に引っ

越し、転校したが不登校気味になっている」、「学校内の友人関係がうまくいかない」、「仮設住宅で自分のスペースがない」、「さまざまな事情から学校にいくことができない」といった相談が寄せられた。

③親族相談の傾向

親族による相談内容は、「学校関係」、「子育て・発達」、「体調・精神不調」が上位を占めた。「子育て・発達」に関する相談は、2014年度以降、「学校関係」に関する相談は、2015年以降減少している。「学校関係」、「子育て・発達」の相談が減少していく一方で、「体調・精神不調」が2015年以降増加しており、行動の問題が身体や精神の問題に移行していったことなどが考えられる。

対象者[4]の属性では、「小学生」、「中学生」に関する相談が多かった。震災子ども支援室の相談が震災後1年経ってから開始されているため、震災直後に幼児に多く見られた情緒変化や行動変化などは既に落ちついており、一方で親の庇護のもとにある「小学生」、「中学生」に関する相談が多く寄せられたと考えられる。相談内容では、「小学生」は「発達・子育て」・「体調・精神不調」に関する相談が多く、中・高生では、「学校関係」に関する相談が多かった。「専門・大学生」では「体調・精神不調」、「学校関係」の割合が高かった。具体的には、「親族の死をどのように子どもに伝えたらよいか」、「震災後、甘えることが多くなり、非常に恐怖心が強い」、「こどもの成長（身体的・精神的）にどう対応したらよいか戸惑っている」、「学校との関係がうまくいかない」、「体調・精神不調を訴え不登校気味になっている」といった相談が寄せられた。

④関係機関相談の傾向

機関相談は、2013年度にピークを迎え、その後減少した。相談初期には、支援者に対するコンサルテーションが多かった。災害後の支援で

---

[4] 母親が子どもの問題について相談する場合など、親族からの相談では、問題を抱える人を対象者として分類した。

は、支援者自身も多くのストレスを感じるため、支援方法の検討やセルフケアが必要とされる。そうしたニーズが次第に減少していることからは、支援者の支援スキルの向上、社会資源の復旧、支援者相互のネットワーク構築などが考えられる。また、精神疾患を抱える「体調・精神不調」や虐待・DV が疑われる「要保護・非行」においては他機関との連携が多く行われたことも、相談件数の多さにつながったと考えられる。特に、震災から時間が経ってから受けつける事例では、既に他機関が何らかのかたちで関わってきていることが少なくなかった。その場合は、他の関係機関との調整や連携を含めた、柔軟な支援姿勢が非常に重要なポイントとなる。震災子ども支援室は何を求められているのか、何ができて何ができないのか等、相談者を取り巻く支援体制全体の中での役割とスタンスを、よく確認し自覚しなければならない。そうした複雑な事例への関わりを求められることとなった。

⑤継続相談の傾向

　約 9 割の相談者が 4 回以内の相談で終了し、約 1 割の相談者は 5 回以上の継続相談者（要支援者）であった。要支援者の相談回数は、総相談回数の半数以上を占めた。

　関係機関等を除く本人と親族相談における要支援者の内訳は、本人、次いで母親からの相談が多かった。要支援相談では、継続的に面接を実施している場合もあるが、関係機関との連携が必要となり問題の解決に時間がかかる相談、一つの問題が解決しても別の問題で継続する相談、問題が概ね解決しても人生の節目などに時々電話をかけてくる相談などもみられた。要支援者・本人からの相談では、「体調・精神不調」、「学校関係」、「家庭環境」に関する相談が多かった。具体的には、「家族をなくして以降、体調・精神不調が続いている」、「家族をなくしており、身近に相談できる人がいないため職場の人間関係や自分の性格などについて相談したい」、「家族をなくし、しばらくたってから、精神不調や学校不適応が生じている」、「震災後家計が傾き、精神不調に陥っている」、

「原発避難をめぐって家族内で葛藤が生じている」などの相談であった。要支援者・関係者（親族）からの相談は「体調・精神不調」、「学校関係」が多かった。震災後、子どもが精神不調、不登校に陥っているといった相談が寄せられた。

⑥相談を振り返って

　相談全体を振り返ると、相談事業初期は、母親などの関係者や関係機関、大人の相談が多かったが、徐々に震災当時子どもだった人からの相談が増えていった。子ども支援とは、保護者や学校など、子どもの周りの人への支援でもある。相談事業初期はまさに、その言葉通りの活動であったが、長期に活動を続けることで子ども本人からの声が届くようになった。

　震災に関する電話相談は、震災子ども支援室に限らず、震災直後から様々な支援組織によって行われていた。しかし、震災後の時間の経過とともに、具体的な情報提供や、直後の当惑や不安等への対応が落ち着いてくると、電話相談窓口の数は急速に減少した（一條・加藤，2017）。あるいは、通常の電話相談に加えて一時的に震災対応にも拡大していた組織は、通常相談に戻っていった。

　その中で震災子ども支援室は、震災後の電話相談を継続した。子どもを育てる保護者の場合、子どもの前では表出できない自分自身の喪失感、時間がたって出現した子どもの変化等については、場がなければなかなか話せない。電話相談はそうした重要な相談ルートとして一定のニーズは存在した。また、コミュニティの復興が進み、平常の姿に戻っていくことは喜ばしいことだが、震災後の困難にある方々にとっては、自分の苦しさを段々口に出しにくくなっていくということでもある。「震災のことや触れたくないことを、自分で抑えている」という抑圧感や、「話せる場所がない」という、置いていかれるような、忘れられていくような不安、「同じ被災地であっても温度差がある」「周りには言えない」という孤立感や違和感も語られた。あるいは、沿岸被災地から内

陸に転居した後、「(被災体験を) 知られていない気楽さと、気遣ってもらえない辛さ」を語った方もおられた。10 年という長期の活動だからこそ、口に出せなくなっていくニーズに応え、子どもの成長に寄り添い、子どもが自ら語れるようになることを待つことができたのかもしれない。

3.　相談への対応

　こころのケアに関する電話相談では、一般的な相談窓口が行う情報提供や手続き紹介に加えて、独自の心理的アプローチが期待される。すなわち、受容的、共感的姿勢は基盤となるものの、相談者の問題を正しく把握し、問題解決をはかるためには、時に、積極的な指示や質問、課題を与え、次の相談や解決のための行動につながるようにすることが求められるのである。しかし電話相談は、相談者についての情報量が限られることが多く、相談者が電話を切ってしまえばその時点で関係が断たれてしまう性質のものである。そうした中であっても、可能な限りの積極的対応を行うには、対面相談とはまた異なる困難さがあり、工夫が必要である。

　ここでは、震災子ども支援室が受けてきた電話相談に対して、支援室の相談員がどのような対応を行ってきたのか概観する。2012 年 4 月から 2018 年 3 月までの 6 年間に受けた電話相談 1033 件を対象に相談員の対応をまとめた。基本的な姿勢としての傾聴は、全ての相談に対して行われていることから、傾聴以外に何らかの積極的対応がみられた 365 件 (電話相談全体の 35%) の内容を分類した (**表 2-1**)[5]。

---

[5] 分類は著者 2 名 (加藤、一條) が行い、分類に迷う場合は両者で議論を行った。なお、著者 2 名は支援室のスタッフではあるが、通常の電話相談の対応を行う相談員 3 名とは異なり、直接に電話相談を受ける役目はない。

表 2-1 積極的対応の分類

大分類 / 小分類		例	件数
心理面対応	状態整理	子どもや保護者自身の置かれた状況・状態を整理してフィードバック (伝え返す)。「見守って」	67
	心理学的理論に基づく対処	「怖がって甘えてくるときは、十分に抱っこして安心させてあげてほしい。」「試し行動。心配してあげる。ダメなことはダメと伝える」「故人を一緒に振り返り、話す時がきたら母が当時感じていたことを話すということで十分ではないか」	131
	発達	思春期の特徴を説明。幼児の死の理解を説明。「年齢相応なので心配しなくてよい」。	25
	心理療法や精神障害に関する知識	強迫性障害, パニック発作について説明。呼吸法, 認知行動療法について説明。	8
情報提供	学校・SC	「児が心を許す先生に相談」「母も SC に相談できる」「身体のことを保健室の先生に相談」	69
	教育行政	教育委員会の教育相談課, 高校の受験制度について関連機関	9
	保健・福祉行政	保健センター, 保健福祉事務所, 役所の障害高齢課	14
	病院・急患	「救急センター、夜間安心コール案内」「主治医に相談」「再度病院受診を」「心療内科や児童精神科の受診」「医師に不安について伝えて」	28
	不登校・学習支援・いじめ	不登校関連相談・不登校支援施設, いじめ電話相談, 学習支援, 無料家庭教師, 学生ボランティア	11
	法律	家庭裁判所の家事相談室, 家庭裁判所震災対応窓口, 弁護士に相談, 法テラス, 里親・養子縁組相談	12
	児童相談所・児童福祉	児童相談所, 警察の性的犯罪被害者相談, 性暴力被害者相談センター, 法務局, 子ども 110 番	4
	発達支援	児童相談所, 子ども総合支援センター, 発達相談支援センター, 「大学の先生にも相談できる」	7
	就労・経済支援	ジョブカフェ, 就労支援, 若者サポートステーション, 生活困窮者相談	7
	震災関連支援	大学生ボランティア, あしなが育英会, 震災遺児就学支援基金	4
	警察	「身の危険を感じた場合は第 3 者、警察に介入してもらうように」	4
	こころの相談	女性相談, いのちの電話, 寄り添いホットライン, 「当相談室を紹介してあげて」	7
	その他	(略)	4

（表 2-1　つづき）

大分類 / 小分類		例	件数
身体面対応	薬に関すること	薬の役目，減薬について説明，「薬は勝手にやめない」「薬を小分けにして隠す」	6
	対処法	「生活習慣を改善」「外出の機会を作る」「食べられる量でOK」「疲れたら無理せず休む」	12
	査定・説明	「腹痛の状態聞き、緊急性はなさそう」食事について聞き、「給食で栄養をまかなえている。夜遅いと、朝食べるのが辛くなる」「成長痛の可能性」「基礎体温法の説明」「年齢によるホルモンバランスの説明」「手足のしびれがひどいときは受診するように」	7
	その他	（略）	17

①積極的対応の傾向

　相談員が相談者に向けて提案、助言、紹介、教示など積極的対応を行った 365 件は、大きくは『心理学的対応（57%）』『情報提供（44%）』『身体面対応（6%）』『その他（約 5%）』に分類できる[6]。

　『心理学的対応』の内訳は、相談を聞いて相談者の置かれた状況や状態を一緒に整理していく「状態整理」、心理的なケアとして有効とされている方法に添った対処を行う「心理学的理論に基づく対処」、子どもの発達の様相に対応に関する「発達」、「心理療法や精神障害に関する知識」であった。『心理面対応』は必ずしも心理療法、心理治療にあたるというものではなく、相談者の話をよく聴き、何が起こっているのか、何が問題なのか、何ができるのか、どうしたいのかなどについて、一緒に整理をしていく状態整理が頻繁に行われていた。心理学的知識に基づく助言についても、"それでよい"、"今のままでよい"と相談者を支持し、"できること"を具体的に伝えている。

　『情報提供』は、子どもの様子を心配した保護者等からの相談に合わせた情報や、保護者自身の相談に合わせて、利用可能な資源先の情報提供を行った対応である。遠隔地から相談を受ける場合、相談者の身近に

---

[6] 大カテゴリーの割合を合算しても 100%にならないのは、複数のカテゴリーにまたがる場合、重複して計上しているためである。

存在する有効な援助資源を紹介することは、相談対応方法のひとつである。幅広い問題への問い合わせに応じて、紹介する資源についても、教育・学校関係、保健・福祉関係、医療・発達関係、法律・制度関係、就労・経済関係、警察関係など、実に多種多様であったことがわかる。さらに、情報提供に関して特徴的だったのは、援助資源の活用のための方法について、具体的に助言を行っていたことであった。例えば、子どものことを心配する保護者に、単に資源の存在を紹介するだけではなく、「お子さんが心を許す先生に相談してみて」「お母さんもスクールカウンセラーに相談できるので相談してみて」「医師に不安についても伝えてみて」など、様々な資源はどのように使うことが可能なのか、使う際に何をどのように伝えればよいかという点についてもわかりやすく伝えることで、相談者が実際にその後の行動を起こしやすいように後押ししていた。

『身体面対応』は、薬の役目や飲み方についての説明など「薬に関すること」、症状に対する具体的な「対処法」、医療的ケアの必要性や訴えの中から考えられることを伝える「査定・説明」であった。『身体面対応』については、医療情報提供が必要であり、問題をこころとからだを含めて多角的に感知する相談であるため、震災子ども支援室の相談員に保健師が含まれていることは大変心強かった。

『その他』は、子どもへの学習指導についての具体的助言などであった。

②震災後の電話相談対応

先にも述べたように、心理臨床に関する相談対応の土台となる基本的姿勢は傾聴である。相談者が"この場で話しても大丈夫"という安心感をもつことができなければ、相談したい内容を話すまでに至らない。また、相談員が何らかの積極的対応の必要性を感じても、相談者が安心してその支援を受けることができなければ効果も望めない。特に電話相談は、相談対応が相談者の意に添わなければ、"電話を切る"だけで中断

することも可能であるため、相談員の傾聴の資質はとりわけ重要である。あらゆる積極的対応は傾聴と、そこから生じる相談者と相談員の間の一時的な親密関係を土台としており、相談員は、短時間の間にそのような関係を取り結ぶことを求められるのである。相談員が相談者に向けて提案、助言、紹介、教示などを行った積極的対応件数は相談全体の35％であったが、見方を変えれば、全体の 6 割以上は、傾聴を主として行われた相談であったということを見逃すことはできない。

　その上で、6 年間の電話相談記録を概観し、震災後の電話相談の特徴として明らかになったのは、①震災による心理的反応に限らない幅広い問題への対応が求められたこと、②相談者にとっての問題状況の整理や、相談者が"できていること"のフィードバックが行われたこと、③問題状況や相談者のニーズに相応しい社会資源、サービスに関する情報提供や専門的知識に加えて、必要な資源をどのように使えばよいのかの助言が行われたこと、④専門知識を踏まえつつも、被災地の生活に馴染む具体的な対応や、その後の報告を促す声掛けが行われていたこと、⑤電話相談の内容の如何や得られる情報量が十分でない場合には、無理のない慎重な対応を柔軟に選択することが求められていたこと、であった。

　東日本大震災の被災地域は極めて広範囲にわたり、避難地域やその後の転居先は日本中に広がっていた。そうした中で、電話相談は、被災地や相談者の居住地から物理的に離れていてもできることを行うための有益な方法であった。問題の整理をし、必要な情報を提供し、その利用方法を一緒に考えることを通じて、相談者の周辺に存在する資源を相談者本人が活用するのを支えることを目指した。ただし、震災から時間が経つにつれて、被災地や人々、そして支援体制も変化する。相談員は、時間の中で変化する相談者の抱える問題への感度を高め、社会資源に関する情報を常に更新し、最新の情報を備える姿勢を忘れないように努めた。

　長谷川（1992）は、電話相談の特性として、「即時性」「超地理性」

「匿名性」「かけ手主導性」「密室性」「一回性」「経済性」があることを指摘している。震災子ども支援室は被災地から物理的に離れていても相談者が心理的な親密さを感じてもらえる対応を目指すと同時に、離れているからこそ話せることを共感的に受け止める対応、離れているからこそ客観的に助言できる対応を大事にしようとした。携帯電話からもかけられるフリーダイヤルとすることで、経済性にも応じる。また、相談者は名乗ることが前提ではなく、匿名で相談することも可能である。必ずしも相談者が相談後の状況を再度電話で報告してくれるとも限らないため、相談員は、常に「この一回限りかもしれない関係」の中で対応を行う。そうした特性を踏まえ、電話相談のメリットを増大しデメリットを低減しなければならない。

　その反面、匿名性や一回性、かけ手主導性という特性のため、電話相談の成果を科学的に検証することには限界がある。相談員の対応によって、相談者の問題がどの程度解決したのか、あるいは相談者は相談利用に満足したのかなど、電話相談の成果を厳密に把握し検討することができないからである。しかしそれでもなお、誰もが被災地の"中で"支援できるわけではないことを考えると、被災地の"外から"支援が可能となる電話相談の可能性は大きいと思われた。

参考文献・資料

長谷川浩一（1992）．電話相談に表れた青年の性．青年心理学研究, 4, 10-15.

一條玲香・加藤道代（2017）．震災後のこころの相談支援活動に関する文献を概観して　東北大学大学院教育学研究科研究年報, 66(1), 225-242

Reika Ichijo & Michiyo Kato.（2018）．Support for Children after the Great East Japan Earthquake: Trends and Characteristics in Consultations Conducted by the Support Office for Children Affected by the 2011 Disaster. Annual Bulletin of Graduate School of Education, Tohoku University,

Vol.4, 37-54

一條玲香・加藤道代（2018）．震災後の電話相談における相談員の対応①－東北大学大学院教育学研究科"震災子ども支援室"における相談記録の量的分析－　日本心理臨床学会　第 37 回大会　発表論文集, 397

一條玲香・大堀和子・押野晶子・平井美弥・加藤道代（2018）　東日本大震災の子ども支援－"S-チル" 5 年間の相談を概観して－東北心理学研究, 67, 49

河北新報（2016）．透明な力を　災後の子どもたち／河北新報社編集局編／再生　発達する姿に畏敬／評・加藤道代（東北大大学院教育学研究科教授　震災子ども支援室室長）　9 月 11 日（朝刊）, 29

河北新報（2017）．電話相談　今も年 100 件超／遺児や里親の悩み変化／学校生活と家族関係 6 割／東北大・震災子ども支援室　2 月 14 日（夕刊）, 1

河北新報（2018）．風化　東日本大震災 7 年／ 10 代　語り始める／「聞いてくれる場」重要／インタビュー／東北大震災子ども支援室　加藤道代室長に聞く　3 月 18 日（朝刊）, 30

加藤道代・一條玲香（2018）．震災後の電話相談における相談員の対応②－東北大学大学院教育学研究科"震災子ども支援室"における相談記録の内容分析　日本心理臨床学会　第 37 回大会　発表論文集, 398

加藤道代・一條玲香（2019）．東日本大震災後の電話相談における相談員の対応－東北大学大学院教育学研究科震災子ども支援室における 6 年間の相談記録分析－　東北大学大学院教育学研究科年報, 67(2), 77-39.

神戸市保健福祉局児童福祉部児童相談所（1996）．こころのケア研究報告：阪神淡路大震災「神戸市児童こころの相談 110 番」事業報告書　神戸市児童相談所

総務省（2017）．平成 29 年度版情報通信白書　＜ http://www.soumu.go.

jp/johotsusintokei/whitepaper/ja/h29/html/nc111110.html ＞ （2020 年
7 月 7 日）

TBC 東北放送ラジオ（2016）.「東日本大震災ラジオ報道番組『3.11 みや
ぎホットライン』」（5 月 9 日）

高塚雄介（2005）. 電話相談の可能性　村瀬嘉代子・津川律子（編）電
話相談の考え方とその実践（pp.43-53）金剛出版.

横田 伸吾・尾崎 孝子（1996）. 電話相談に寄せられた震災後の子どもの
心の問題　児童青年精神医学とその近接領域 ,37(4),361-365.

第 3 章 「親族里親」サロン

1. 目的と概要

　2011 年の被災地視察の際、震災子ども支援室は各地の児童相談所を訪問し、震災遺児、孤児の実情について詳しくうかがった。これにより、多くのことがわかってきた。

　震災で親をなくした震災孤児（253 名）のほとんどは、親族に引き取られているが、統計上、震災孤児と計上されない場合（例えば特別養子縁組など）は、公的支援の手が届かない。震災後で個人情報収集の難しい中、児童相談所は、本当に全ての孤児を把握できたのか、探し漏れはないかという心配を抱えていた。また、里親制度と未成年後見人制度を併せて利用してもらえると、児童相談所は子どもの状況をともに見守ることができるが、利用がなければつながりが無くなってしまうことも心配されていた。

　里親制度は、様々な事情で家族と暮らせない子どもを家庭で養育する社会的制度である。子どもたちは 18 歳になるまで（必要であれば 20 歳まで）里親制度を利用することができる。東日本大震災で孤児となった子どもたちの場合、その多くは祖父母やおじ・おばなどの親族に引き取られた。**表** 3-1 に示すように、祖父母は親族里親、おじ・おばなどは養育里親となって子どもの養育に携わっている。

　自身が被災者である「親族里親」[7] の状況についても気遣われていた。引き取った「親族里親」に懸念される困難さは多岐にわたることが想定されたからである。震災を機に急に同居することになった場合、成人し

---

[7] 本書では、東日本大震災後、親族の立場で里親になった方々についてまとめて記す必要性から、養育里親になったおじ・おばなどを含めて、カギ括弧をつけた「親族里親」を用いることとした。

表 3-1　里親分類と東日本大震災における適用

里親の分類	内容	東日本大震災での例	必要経費	里親手当
養育里親	家族と暮らせない子どもを一定期間、自分の家庭に迎え入れて養育する里親（親族による養育里親の場合、研修の一部免除可能など、一般的な養育里親とは異なる）	大おじ・おじ おじ・おば	あり	あり
親族里親	子どもの扶養義務者及びその配偶者である親族で、子どもの養育をする里親	祖父母など	あり	なし

たきょうだいが「親族里親」になった場合、高齢の祖父母や子育てを終わった人が急に子育てに復帰する場合、若いおじ・おばで子育て経験がない場合、実子がありながら引き取ってくれた場合など、それぞれの事情は実に多様であり、それぞれに生じるであろう困難をどのように支えるかも一様ではないと思われた。「今は親族が使命感でやっていることを 18 歳までどうフォローしていくか」、「誰もが現在のことで精一杯であり、問題が出てくるのはこれから」という心配があがる一方で、「まだ何もやれない、なんと声をかけたらいいか。今はそっとしておくニュアンス」という絞り出すような声だけが聞かれた被災地もあった。

　具体的支援の試みについての難しさも語られた。「心を開いて話してくれるようになるまでが大変」、「行政の立場では、里親が気軽に話しにくいかもしれない」、「サロンのような場を確保したいが人材不足」などである。しかし、確かな可能性も感じられた。例えば、「同じ境遇の人となら話したいという感じだった」「里親には悩みやストレスがあるのが実情。お互いに困ったことを言い合えれば、それでいいのかな」「気軽に話せるといい」などである。

　「親族里親」が集まり、同じ境遇の中で抱えているストレスや困難を気軽に話し合えるサロンの場を設定することならできるかもしれない。ただし何よりも、安心安全な場であること、ご本人の自発的参加であること（無理に勧誘をしないこと）、長期にわたって継続する中で丁寧に作り上げていく場とすることを大事にしなければならないと考えた。

　同時期の 2011 年 11 月、宮城県なごみの会（里親会）は県からの委託を受け（2017 年度からは宮城里親支援センターけやきが委託を受ける）、「親族里親」支援事業を開始する。その後、2012 年 3 月、東部児童相談所が第 1 回目の「親族里親」サロンを開催することになり、宮城県なごみの会と震災子ども支援室もこれに合流することとなった。こうして、以後の「親族里親」サロンは、東部児童相談所、宮城県なごみの会（2017 年からは宮城里親支援センターけやきに移管）、そして震災子ども支援室の三者共催により、石巻市、東松島市、気仙沼市本吉で年間 8 回の開催を継続した（2019 年度は石巻市、気仙沼市本吉で 6 回）。里親の抱える不安や問題が少しでも低減すれば、震災孤児の育つ環境はより安定するかもしれない。息の長い取り組みを目指すこととなった。

2. 運営

　2012 年度から 2019 年度までに、気仙沼市（本吉地区）、石巻市、東松島市、名取市の 4 か所で合計 64 回のサロンを開催し、延べ 167 名の里親が参加した。名取市では 2 回サロンを開催したが、里親参加者がいなかったため、その後は開催を取りやめた。また、東松島市では里子の措置解除などで参加者がいなくなったため、2018 年度をもって活動を終了した。

　サロンの参加者は、概ね児童相談所スタッフ 1 〜 2 名、里親会 1 名（2017 年度からは宮城里親支援センターけやき 1 名）、震災子ども支援室 1 〜 2 名、里親 1 〜 7 名であった。里親会は会場手配と会場準備を、児童相談所は参加者への連絡と取りまとめと当日の受付を、震災子ども支援室は当日のファシリテーターと記録の役割を担った。開催当初は、里親会から数名の養育里親も参加していたが、親族の里親と養育里親は里親になった経緯や立場が大きく異なるため、より近い立場の人同士が気軽に話せる場を目指して親族の里親が集う場とした。また気仙沼市では、宮城県の中心部から離れているため、地域支援を充実させるという

観点から、当初、里親支援機関である児童養護施設兼児童家庭支援センターの里親支援専門相談員が参加していた。回を重ねる中で、里親数に対するスタッフ数のアンバランスが生じたことや児童相談所、里親会、震災子ども支援室のスタッフで対応可能であることがわかったことなどから、参加を見合わせることとなった。

　サロンの主な流れと当日の役割分担は、**表**3-2 に示した通りである。事前準備では、事前のスタッフミーティングと会場設営が行われた。事前のスタッフミーティングでは、各回の開催目的、役割分担、参加者の状況（新規か継続か、そのときの里親の置かれている状況）を確認した。会場設営では、机と椅子をコの字型など話しやすい配置に並べ、リラックスした雰囲気になるよう茶菓を用意した。また参加者にとっても当日の会の流れが見通せるようホワイトボードに「本日のスケジュール」を記した。回を重ねるごとにスタッフの中でも手順や役割分担が定着し、確認を行うまでもなくなっていたが、児童相談所の担当者が入れ

表 3-2　「親族里親」サロンの流れと役割分担

	内容	担当者
事前準備	スタッフ集合 事前スタッフミーティング 会場設営	児童相談所 里親会／里親支援センター 震災子ども支援室
	受付	児童相談所
開会 閉会	本日のスケジュールの説明	震災子ども支援室
	開会の挨拶 サロン開催の目的とルールについて説明	里親会／里親支援センター
	参加者の自己紹介	震災子ども支援室
	話し合い	震災子ども支援室
	今日の話し合いを振り返って	震災子ども支援室
	注意点について	震災子ども支援室
	終了の挨拶	里親会／里親支援センター
事後の振り返り	事後スタッフミーティング	児童相談所 里親会／里親支援センター 震災子ども支援室

替わるなど新しいスタッフが加わる際には、改めて丁寧に手順を確認
し、状況の共有をおこなった。

　会の冒頭、ホワイトボードに記した「本日のスケジュール」を震災子
ども支援室のスタッフが読み上げ、里親会の会長がサロンの目的とルー
ルについて説明を行った。里親サロンは「同じ境遇の中で抱えているス
トレスや困難を気軽に話し合えるサロンの場を設定すること」を目的と
している。目的を参加者に伝えることによって、サロンの枠組みを明確
にすることに加えて、参加者自身が主体的に会に関与する立場であるこ
とを伝えるねらいがあった。また安心・安全な場を提供するために、
表 3-3 に示したサロンのルールの説明を行った。特に④守秘義務につい
ては繰り返し伝え、会の終わりにも「注意点」として改めて確認をする
など徹底した。⑤はぬいぐるみをトーキングスティック[8]に見立てた
ルールである。話している人と聞く人を視覚的にも明確化し、いずれの
参加者も遮られることなく十分に語ることを保障する意図があった。そ
の後は、震災子ども支援室のスタッフが進行役であるファシリテーター
となり、「本日のスケジュール」の説明、スタッフを含めた参加者の自
己紹介、話し合いと進めた。

　話し合いの中では、子育てや生活の中で日々感じていることが話題と
なった。子どもの健康、食事、学習、部活動、友人関係、成長（思春
期）、進路、子育ての喜びと困難、子どもを通じた保護者同士の関係、
自身の体調といった様々なトピックが、子どもの成長と共に語られた。

表 3-3　サロン開催のルール

①自分や相手の心や体を傷つけない
②相手の嫌がることはしない、言わない
③サロンで知ったことを外では話さない
④話したくないことはパスができる
⑤ぬいぐるみを持っている人が話す
⑥相手の話をよく聴く

---

[8] 話すときにもつスティック。スティックを持っている人だけが発言し、周りの人は
黙って話をきく。誰が話しているかを視覚的にわかりやすくし、参加者は発言の
ルールを意識化しやすくなる。

継続して話を聞いているスタッフも里親と一緒に子どもの成長を実感しながら見守った。

　会が終わりに近づくと、その日、話されたことの振り返りが行われるとともに、守秘義務の再確認と連絡先交換に関する注意が促された。個別に連絡先を交換することは構わないが、個々の責任に基づいて行うことをサロンの方針とし、必要に応じて、会終了後に個別に連絡先の交換を行ってもらうこととした。里親会会長の終了の挨拶をもって閉会とした。

　事後のスタッフミーティングでは、全体の流れ、話題となった内容を振り返り、それにともなう反省点の点検や情報の共有が行われた。次回の事前ミーティングに繋がるよう次回の内容や注意点を確認し、終了した。記録を担当していた震災子ども支援室では、後日、サロンの内容を逐語録に近い形で書き起こし、児童相談所および里親会との間で共有した。

3. 「親族里親」サロン座談会－東日本大震災後の「親族里親」支援をめぐって－

　2019年7月2日、これまで親族里親サロン（以下、サロン）にスタッフとして参加した方々にお集まりいただき、座談会を行った。サロン開催当初からの8年間を振り返り、東日本大震災発生後の親族里親

写真 3-1　親族里親サロン座談会

支援の可能性や課題、サロンの果たした役割などについて話し合うことを目的とした。里子に関して心配だったこと、サロンでの親族里親の皆さんの様子やその変化などについて、率直なご意見が交わされた。さらに、それらを踏まえたうえで、親族里親及び里子の支援として今後も必要と思われることについて討議した。

■参加者

大石 景広（おおいし かげひろ）

　宮城県東部児童相談所所長。親族里親サロンには 2012 年度から参加。当時の所属と役職は、宮城県東部児童相談所次長（2012 年度～ 2014 年度）。

卜蔵 康行（ぼくら やすゆき）

　みやぎ里親支援センターけやきセンター長（2017 年度～）。親族里親サロンには、2012 年度から 2020 年度まで参加。当時の所属と役職は、宮城県里親会なごみ会長（2012 年度～）。

夏目 祥平（なつめ しょうへい）

　親族里親サロンには 2016 年度から 2018 年度まで参加。当時の所属は、宮城県東部児童相談所気仙沼支所、里親担当者（2016 年度）。

石垣 ひさえ（いしがき ひさえ）

　児童養護施設ラ・サール・ホームスーパーバイザー、みやぎ里親支援センターけやき相談員。親族里親サロンには、2012 年度から 2014 年度まで参加。当時の所属と役職は、宮城県東部児童相談所里親担当者。

平井 美弥（ひらい みや）

　親族里親サロンには、東北大学大学院教育学研究科震災子ども支援室相談員及び派遣心理士として、2012 年度から 2020 年度まで参加。

■司会

加藤 道代（かとう みちよ）

　東北大学大学院教育学研究科教授、震災子ども支援室室長

①震災孤児に関する心配

当初は、福島第 1 原発の事故に伴う心配があった。被害の大きさが分かった後は、どれだけ多くの震災孤児が出るのか、彼らの受け入れ先がどれだけあるかを案じた。

加藤：東日本大震災が発生したとき、親を失った子どもたちについて

は、どのようなご心配をお持ちでしたか。

卜蔵：当時、私のところには里子が6人おりましたので、震災直後はまずは自分のところの里子たちの安心、安全について考えました。特に私たちが住んでいたのは福島第一原子力発電所から近くはないけれども遠くもないくらいのところで、福島第一原子力発電所では水素爆発が起きたりもしておりましたので、ラジオで必要な情報を集めていました。私のところは生活の不便は酷くありませんでしたが、万が一、原発関係がもっと酷

写真 3-2　卜蔵康行氏

いことになったら、自分達もどこかに避難しなくてはいけないのではないかという心配をしました。

　里子の中に、何人か石巻市出身の子どもがおり、また、私たちのところから、石巻市の自分の家に戻っていった子どもたちもいました。そうした子どもたちやその親御さんたちは大丈夫だったか心配もしました。

　その後、だんだんと被害の大きさが分かってきました。当然ながら、**親をなくして震災孤児となる子ども達がたくさん出てくるだろう**ということで、全国里親会でも支援に行き、東京からも支援者が来ました。宮城県でも、施設が里親さんに対して、引き取り手のいない孤児が出てきたときにどれだけ受け入れられるかといった調査をしました。厚生労働省の方でも、全国的にそういった対応をしていたので、いったいどれだけの孤児が出てくるのだろうという心配はしていました。

②里親の様子とその変化

初期には、里親たちの大きな喪失感に覆われていたサロン。里親たちの生活が安定し、里子ともしっかりと関係を築いた後期には、子育てに関する一般的な話が増加した。

加藤：里親さんを何とか支援したいという気持ちから、比較的早い時期にサロンを立ち上げましたが、サロンに参加した里親さんの様子を見て

どのように感じましたか。

石垣：私が当時勤めていた東部児童相談所には震災里親は 20 数人いましたが、実際にサロンに来られる方は多くて 5 人くらいでした。私は参加者が少ないと感じて、もっと多くの方に来ていただけないかなと思いました。ただ、来られない方々のところにも、月に 1 回は担当として回る中で、**サロンに来るのは大変辛いことだということがわかりました。**そして、1 人でも 2 人でもサロンに来ていただくように支援することが重要だと思いました。ですので、サロンに来られる人はサロンで支援し、来られない人については家庭訪問でお話を聞くということをずっとしていました。

卜蔵：最初に、2012 年の 3 月に東部児童相談所でサロンを開催しました。そのときは結構たくさんの方がいらっしゃいました。蓋を開けてみないとどんなサロンになるのか全く分からない状態で、私たちはみんなガチガチに緊張し、どういう話が飛び出すのだろうと思いながら始めました。石巻市も気仙沼市もそうでしたが、サロンが始まった当初は、**参加者の喪失体験が非常に深刻である**と感じました。参加することが辛くて、最初の石巻市でのサロンに 1 回だけ参加した後、今後はもう参加できないと言って来られなくなった方もいました。ですので、第一印象としては、参加された方自身の（震災による）傷つきがすごく大きかったことが挙げられます。

平井：里親さんたちは生きるのが精一杯な感じで、緊張感が高いという印象も受けました。もちろん喪失体験のことや、里子の子どもたちにどう接していったらよいのかということもありました。**喪失体験と子育ての不安のその両方でぎりぎりという、**数年間はそんな感じだったように思います。当時、里親の方々には全体を見る余裕はなく、ご自身のことで精一杯だったのだと、あれから時を経て思います。

加藤：夏目さんは少し後になっての参加でしたが、何か感じたことはありましたか？

夏目：私が最初に参加したのは 2016 年の 6 月でしたので、震災から 5

年経ち、里親さんと里子たちが良い関係を築いていて、里親さん同士の関係もでき上がっていた時期でした。その当時の里親さんたちの印象を率直に申し上げますと、とても楽しそうでした。

　サロンのおかげで、里親さんたちは近所の人には話せないようなこともお話をされていました。**サロンが始まったときに疲れたような表情をしていた里親さんが、終わる頃にはすっきりとした感じに見えたこともありましたし、サロンは里親さんたちにとって大事な場所になっていた**のかなと思います。

加藤：初期に里親さんたちの深刻な喪失感に覆われた場であったサロンは、後期になると里親さんたちがいらっしゃるのを楽しみにできるような場になったということでしょうか。少しずつ変わっていった部分について、何か気付いたことはありましたか？

卜蔵：やはり最初の**2**年ぐらいは、**喪失体験が出てきていた**ように記憶しています。ところが徐々に、**里親さんたちの話題の中心が**、例えば里子がゲームばっかりやって困るとか、里子の友達や学校関係といった**子育てに関することになってきた**という大きな変化がありました。

　ここ**3**年くらいは、普通の子育てサロンみたいな要素が強くなってきました。子どもの成長に合わせて、部活や高校受験、学習の問題、そういう話が出てくるようになりました。さらにその先のこと、進学とか就職とかといった話にもなってきました。**8**年一緒に生活する中で、里親さんの生活が落ち着き、里子との関係もしっかりとしたものになったという変化を間近で見てきたように思います。

③サロンと家庭訪問の違い

家庭訪問では感情を吐露することもあった。サロンでは、体験の共有や他者の視点からの気づきがあった。

石垣：私は一時期、里親さんが怒りを抱えているとすごく感じました。**悲しみの前に、まずは怒りがあるのか**と思いました。特に家庭訪問のときに、感じました。こちらは話を聞くことしかできなくても、当時の

里親さんたちにはそれがとても大事なことだったようで、その点については私も大変勉強になりました。

加藤：家庭訪問のときの里親さんと、サロンでお会いする里親さんは、何か違いがありましたか？

石垣：違いはありましたね。**家庭訪問では、里親さんは本音をどんどん出しました。**身内がなくなったのはどうしてなのかといったことを、私たちはひたすら聞くという感じでした。家庭訪問の間隔が空くと、待ちわびていたようでした。私たちはただ話を聞いているだけで、特に何かアドバイスをすることもありませんでしたけれど、とにかく里親さんたちのところに行って話を聞くということが、あの当時はとても良かったのだろうと思います。

平井：グループ活動である**サロンでは、家庭訪問では出てこないような話**が、他の里親さんとの関わりの中から出てきました。それから、家庭訪問では、里親さんたちがされる話の範囲が限られていて、話の中身もかなり焦点を絞った感じになったのですが、サロンの場合は、もう少し緩やかでした。

　サロンでの話し合いに関して最も強く印象に残っているのは、最初は自分と自分の子どもだけしか頭になかった里親さんが、だんだんと他人やその子ども達も見ることができるようになってきたことです。

加藤：大石さんはお仕事でも里親さん達と関わりを持たれていて、こうした取り組みについて何かお感じになりましたか。

大石：東部児童相談所自体も被災をした地域にあり、2012年度には職員は入れ替えという形になりました。総括担当の管理職でしたので、相談所の職員が行う様々な事業の企画や活動の支援、また人員の配置が主な業務でしたが、再任用という形で石垣さんが来てくれて助かりました。震災後の里親さんたちは、大変なことがいろいろある状態で里子さん達を受け入れざるをえないとなれば、様々なことに対応しなければいけない可能性があり、やはりそれに関しては、十分な経験がある人でないと対応できないと思いました。

他県からの応援もあり、職員は多めに配置され
ていたので、その点は良かったと思います。幸
い、ベテランの職員が配属になりましたので、若
手は彼らに支えてもらいながら、何とか乗り切る
ことができました。

サロンは里親さんたちが次の一歩に踏み出す
ための場として良かったのではないかと思いま
す。ただ、次の一歩をなかなか踏み出せない方々
もいましたね。サロンが気持ちを整理する場に

写真 3-3　大石景広氏

なった里親さんもいましたし、まだそこまで行き着かない里親さんもい
ました。後者の里親さんには、家庭訪問を続けました。里親さんにその
ような場が提供されたという点で、サロンの存在意義があったと思いま
す。

卜蔵：気仙沼市の里親さんを 2 軒だけ、家庭訪問したことがあります。
どちらもサロンにもよく来られていた里親さんでしたが、家庭訪問で聞
いたお話の内容は、とてもサロンでできるような話ではありませんでし
た。そのときに、サロンでのお話の背景には、非常に過酷な、凄まじい
体験があることを知り、サロンの役割と家庭訪問の役割は全く違うと感
じました。サロンはサロンのできることがあり、一方で、サロンででき
ないところを他の場で動かして、全体として支援していく必要性がある
と思いました。

④サロンができたこと
サロンは、気持ちを出せる多様な場の一つであった。親睦会では少し踏
み込んで話すなど、複数の場で異なる形で思いを表し、気持ちを整理し
ていった。

加藤：サロンでできること、家庭訪問でできること、それ以外の他の場
所でできることがあったということでしたが、ここで少し、サロンでで
きることとは何だったのかを考えたいと思います。

石垣：サロンのスタッフ同士が良い関係を築いていることは、里親さんに良い方向に作用したような気がします。泣く人もいましたが、スタッフが明るくて、サロンの雰囲気も何となく明るい感じがずっとありましたから。

写真 3-4　石垣ひさえ氏

大石：負の感情を含めてぶつける場と同じことを経験したことをお互いに確認する場というのは、別でいいと思いますし、自分の気持ちを出せる場が多様なことは良いことだったと思います。家庭訪問とサロンも、そういった組み合わせの中で、里親さんが気持ちを整理し、養育の方に力を向けることができたのではないかと思います。**里親さんが気持ちを出せる場がどこかひとつだけに特定されているのは、あまり得策ではなく、いろいろな場面で様々な話をするものではないかと考えています。**

　そのひとつとしてサロンが果たした役割も大きかったと思います。スタッフも被災経験があり、現地に入り、大なり小なりのことを見ています。被災地で嫌な場面も見てきた経験もあるわけで、みんなが同じ体験を共有していました。そのような環境の中で、里親さんが心の中に持っているしこりみたいなものを少しずつなくしてきたところがあると思います。

加藤：何回か、各地の里親さんが集まる親睦会をやりましたね。

平井：親睦会はまたいつもの雰囲気とは違って、楽しい雰囲気がありました。いつもとは全く違う環境に身を置いたという感じでした。少しリラックスした感じがあったと思います。

大石：里親さんたちは皆、大人ですから、自宅の外で、他人がいる環境では、よそ行きの顔をしながら、少しずつ気持ちを吐き出していたと思います。一方で、親睦会はいつもとは違う雰囲気の中、宿泊形式で長い時間を一緒に過ごしましたから、里親さんたちがよそ行き以外の顔を出せる場になったと思います。それはスタッフも同じだったと思います。

自分の気持ちをもう少し出せるひとつのきっかけになったと。

　我々も、会議よりもその後の親睦会の方が大事な話は出てくるところがあります。ですから、親睦会は、もう少し踏み込んで話を聞けるという意味でも、言いにくいことを引き出せるという意味でも、サロンとは違うアプローチを行える場として意義があったと思います。

平井：親睦会をやってみて思ったのは、里親さんたちの抱えている事情が違うこともあり、こちらが期待したような繋がりを持つのは、難しかったということです。

大石：そのためには、回数と時間が必要でしょうね。

平井：個々のグループで当事者同士が話し合いをしました。ですが、その次に、グループ同士を合体させようとしても、それは少し難しいかなと思いました。もう少し時間が必要かもしれません。

加藤：そういう意味で言うと、親睦会は何回か行いましたが、継続はしませんでした。

大石：里子さんはもうそういう年齢ではないかもしれませんが、例えば少し長めのキャンプなどをすると、また別の展開があるかもしれませんね。また、里親さんとじっくり関わったり、長く交流したりできる場のひとつとしては、「みやぎ里親支援センターけやき」があると思います。里親さんが共感し合える人がいるところですし、常設であることに意味もあると思います。

⑤サロンが果たした役割と課題

里親たちは、大事な人を失ったという共通の経験を持つが、抱える悲しみはそれぞれ違う。サロンは、様々な状況にある里親たちに、安心して話せる場を提供した。開催回数や日時の設定については、限界があった。

加藤：サロンを立ち上げようとしたとき、どんなニーズがあるかを繰り返し考え、心配と不安を抱えながら、手探りでやってきました。サロンに関してお考えになったことや「こういうこともできたのではないか」

というご意見がありましたら、教えて下さい。

夏目：回数でしょうか。年に 3 回程度でしたが、回数がもっと多かったら嬉しかったな、というところはあります。サロンは、6 月、9 月、翌年 3 月と、年に 3 回開かれていました。12 月には開かれないので、9 月に参加できなかった里親さんに次に会えるのは翌年になってしまいます。年に 4 回の方がいいなとは思いました。

大石：それに関しては、地理的な面での難しさもあると思います。どこかに常設の場があれば、里親さんたちとの関わり方は変わったかもしれません。

石垣：里親さんたちは被災して、大事な人を失っています。一見すると、みんな同じようですが、お話を聞いて、それぞれの悲しみは違うということがよく分かりました。ですから、里親さんが話をできる場を作ることはとても良かったと思います。人によっては話さず、ただ泣いて帰ることもありましたけれども、それでもそういう場があることは意味があったと思います。誰にでも話せることではありません。同じ経験をしていたからといって、話せるわけではないですから。私たちのような同じ経験をしていない人の方が、里親さんは話しやすかったように感じています。また、私たちは専門家ですから、聞いたことは絶対に口外しません。ご近所の人に話すと、どうしても話が外に漏れてしまいますから、**安心して話ができるサロンの意義は大きかったと思います。**

卜蔵：サロンは、その役割を十分果たせたと思います。最初は、私も含め、震災で里親になったのではない養育里親さんも複数参加していました。サロンは、養育里親さん側が一方的に喋りすぎないということが基本ですが、人数が多くなるとそれが守られないこともあり、また、震災後に里親になった「親族里親」さんと一般的な養育里親さんは違うところもあり、少々難しい面もありました。

　サロンのメンバーとしては、平井さんと私はずっと関わっておりました。職員は途中で代わりましたが、児童相談所もずっと関わりを持っている点は同じでした。**いつも同じ顔ぶれということで、他のところで話**

せないことを里親さんたちには安心してお話しいただけたと思っています。また、年月が経ち、例えば「震災の風化」などと言われている中でも、「親族里親」さんに対しては、サロンに参加しない方も含め、案内を出していましたから、自分たちは**忘れられていないという安心感**ももしかしたら持っていたかもしれません。最後に1回だけといって参加された里親さんや、出たいけれど、平日だからなかなか出られないという里親さんもいらっしゃいましたから、何人の里親さんが利用したかという数の問題では必ずしもなく、そういう場があることの意義が大きかったと考えています。

加藤：どういう形にすれば来ていただけるかはずっと考えていました。一方で、様々な情報を集め、サロンを運営していくことには難しさもありました。大きなジレンマの中じりじりしながらやってきましたので、サロンのお知らせが行くだけでも意味があったというのは貴重なご指摘です。

⑥今後の里親、里子支援

措置解除後も、支援機関が役割を分担し、里親と里子を支え続けていくことが大事。里親と里子が何かを確認したくなったときのため、きちんと記録を残しておくことも重要。

加藤：東日本大震災発生後10年が経過しますが、まだ措置解除を迎えていない里子さんもありますので、里親支援、里子支援について、今後もやっていけることについて教えていただければと思います。

石垣：私は、怒っている、また悲しんでいる里親の方々とお付き合いし、そしてお別れをしました。私としては、里子たちよりも当時、苦しんでいた里親の皆さんが気になります。彼らのことは今でも忘れることができません。あれで良かったのかなと思っています。

平井：サロンのような場があることがとても大事なので、里親会に引き継いでもらって、ずっとやっていっていただければと思っています。

　また、今、思い返してみると、サロンは安全な場所だったのかなとも

思います。「この場所だから話せた」、「他の人の前だったらたぶん話せなかった」、と里親さんたちが言って下さることがありました。グランドルールみたいなものがあり、その中で守られている感じがあったからこそ、来続けることができたし、広がりのある話をすることができたと思います。里親さんたちのそうした言葉は、胸に刺さるものがありました。**サロンのような、安全で、守秘義務を守られている環境**

写真 3-5　平井美弥氏

は、これからの里親支援でも大切なことではないかと強く思います。

大石：こういう活動は基本的に、スタッフが寄り添うということが大事です。ただ、我々は参加していても、誰かを喪失しているわけではないですから、最終的に、里親さんの心の中に立ち入ることができない。それを分かったうえで、里親さんにきちんと寄り添う、うまくいかなくなるところを調整するといったことが重要だと感じます。

　このような支援には、いつか区切りがありますが、里親さんが日常生活に戻った後も、問題が起これば、通常の相談体制できちんと受け止めるし、忘れてもいないという形にしなくてはなりません。

　それから、**里子たちが大きくなったり、里親さんたちが年齢を重ねて何かを確認したくなったりしたときに振り返ることができるように、記録をきちんと残していくことが大事**だと思います。必要な資料や写真に関しては、問い合わせるとそれが見られる場があることが重要ですね。彼らが自分自身のことを振り返って次のステップにいくための、ひとつのツールになると思います。

　今回、震災子ども支援室で作られる冊子はひとつの記念碑にもなりますが、こういうことは残していくことが必要です。この冊子のようなものが必要にされる日はいつか来ると思います。それから、サロンをやったこともきちんと記録として残り、参加者が何かを求めてそこに訪ねていけば、答えがもらえる場の用意もしてもらえればと思います。

夏目：児童相談所の立場で考えると、子どもが18歳になった時点がひとつの区切りとなります。措置解除の年齢ですね。どんなに長くても、20歳になると措置解除になります。ただ、18歳、19歳になって全部問題が解決するかというと、なかなか難しいところがあり、措置解除の際は満点で送り出すというより、多少問題を残した状態で、それは他のところに引き継いでもらう

写真 3-6　夏目祥平氏

という形にしておりました。ですので、児童相談所としては、震災里親さんにとっても里子さんにとっても、**措置解除という区切りの後の支援について、どこかにつなげることができたら良いのではないかと思っています。**

卜蔵：この事業は 10 年で終了しますが、私達が受託している、震災孤児を養育する里親家庭の支援は、県の委託事業のひとつの柱になっておりますので、そこは続けてやっていかなくてはいけないと思っています。

　石巻も気仙沼も、参加する里親さんの数が減ってきている課題はあります。ただ、当初から、最後のひとりになるまでやろうという気持ちでやっていますので、いろいろな方の力をお借りしながら、その約束は果たさないといけないと思います。措置解除後の里親さんにもお声掛けはし、里子さんの様子を知らせてほしいし、何か心配なことがあったらお話して下さい、とお願いしています。措置解除が全ての終わりではないので、参加をしてくれる限りは、ずっと応援していけたらいいなと思っています。

　里子への支援についての手立てがなかったことは心残りですが、それは例えば「あしなが育英会[9]」とか、子どもの支援をしているところにお任せし、それぞれで役割分担することで全体として里親さんと里子さ

---

[9] 病気や災害、自死（自殺）などで親を亡くした子どもたちや、親が重度障害で働けない家庭の子どもたちを支える民間非営利団体（あしなが育英会 HP より）。

んを支えていけばいいかなと思っています。

平井：そもそも里親さんのサロン参加は、児童相談所のお声掛けがあったからこそできたことでした。皆様にいろいろ助けていただいたからこそ、ここまでやってくることができたと思います。

加藤：実際、里親会や里子とつながることのできる児童相談所に入っていただかないと、私たちだけでは何もできませんでした。力強い応援を得て、本当に助かりました。皆様、貴重なお話をたくさん聞かせていただき、ありがとうございました。

4.「親族里親」サロンおよび震災里親調査を振り返って

　里親サロンでの話題は、当初の悲嘆や里子と一緒に暮らす中での戸惑い、制度利用の難しさから、里子との日々の生活の話題へと移っていった。学校生活、期末試験の勉強、部活動、高校入試、就職活動等、里子の成長とともに日常を送る里親の思いが語られた。一方で、措置解除を迎える里子も徐々に増えてくるようになり、里子が独り立ちするのを目前に、それまでの思いや措置解除後の関係、里親自身の今後についても語られるようになっていった。

　里親サロンの開催は、さまざまな里親支援活動にも繋がっていた。年度末には、地域を越えたつながりを作ろうと、各地域で参加している里親の方々にお集りいただき懇親会を開催した。また児童相談所や里親会といった支援者同士の繋がりができたことで、児童相談所のスタッフとともに里親家庭を訪問したり、里親や里子の継続的な相談を震災子ども支援室が担うこともあった。

　里親サロンで聞かれた声をもとに、研修会が開催された例もある。複数の参加者の方々から「里親制度」や「未成年後見人制度」のわかりにくさがサロンの場の話題としてあがっていたことから、弁護士の花島伸行氏に講師をお願いし、「未成年後見人制度・里親制度についての研修会」を開催した。研修会は、宮城県中央児童相談所、仙台市児童相談

所、仙台市ほほえみの会、宮城県なごみの会の協力を得て、気仙沼市（2014年7月7日）、石巻市（2014年10月20日）、仙台市（2014年11月4日）の宮城県内3か所で実施した。研修会に参加できなかった方々、遠隔地に住んでいる方々、そして今後、制度を必要とする方にもこうした制度に関する情報を届けるため、研修会の様子は「震災子ども支援室"S-チル"報告書　未成年後見人制度・里親制度について」（2015）にまとめて広く配布を行った。

　2013年には、それまでサロンで語られてきた親族の里親のお気持ちを形として残したいという思いから、里親の方には改めてヒアリングにご協力いただき、小冊子『この子を育てる〜東日本大震災後の親族里親の声から〜』（2014）を作成した。親族の里親の方々は、震災後の混乱の中、突然の出来事に心の準備などなく、ご自身も遺族としての悲しみの中、それでもなお、両親を失った子どもを引き取って育てようと決めた。子育て経験の有無にかかわらず、震災前から子どもと親しかったかどうかにかかわらず、そう決めたのだった。「育てるのは自分しかいない」「当然のこと」という、里親の方々の使命感と責任感の大きさをうかがいながら、里親が"この子を育てる"と心に決めた時の心境や日々の子育てへの思いを、周囲の方々や里子の皆さんにもいつか読んでもらいたいと強く感じた。こうして『この子を育てる』には、里親制度の認知度や里親になった時の気持ち、子どもの生活への配慮や工夫・困っていること、支援について、現在の気持ちなどが、里親の語りのままにまとめられた（**表3-4**）。

　その後、時間の経過とともに、措置解除により里親を終えられる家庭も増えていき、サロンでもこれまでの年月の振り返りや今後の生活について語られるようになった。こういった里親の方々の声を残すこと、また、その後の里親家庭の状況をお聞きすることを目的とし、2018年には震災里親家庭及び養育に関する2回目の調査を実施した。調査では、郵送によるアンケート調査と里親へのインタビュー調査を行い、『震災里親家庭及び養育に関する調査報告書』（2019b）として発行した。回答

した里親の年代は 70 代が最も多く 4 割が年金で生計を立て、半数以上が心身の不調を抱えていた。里子と里親の関係では、母方の親族が約 8 割を占め、多くの子どもたちが母方の親族に引き取られていた。子育てに関する相談先としては、児童相談所や配偶者からの支援が重要であったことがわかった。

インタビュー調査の結果や自由記述については、より多くの方に読んでいただけるように、さらに小冊子『この子を育てて～東日本大震災後の親族里親の声から～』（2019a）にまとめた。『この子を育てて』は、先の『この子を育てる』の続編である。震災から 7 年がたち、当時幼児だった子どもは思春期にさしかかり、高校生だった子どもは、措置が解除され、社会人になっていた。この間、親族の里親の方々はどのように子どもたちの成長に向き合い、家族となってこられたのか、振り返ってこれまでの日々をどのように感じておられるのかをお聞きすることにした。調査でお会いした里親以外の方々にもお読みいただければ、この間の同じようなご苦労や喜びが分かち合えるかもしれない。また、震災を機に「親族里親」になられた方々は、家庭養護の里親委託とは異なるとしても、悩みながら子どもを育てる中には両者共通の思いもあろう。また、こうして全力で子どもの育ちに向き合っている里親という存在を広く社会に伝えることもできるだろう。お聞きした里親の方々の声は、預かった当時（「里親になったとき」）、子育て中（「一緒に暮らす中で」）、子育てを振り返って（「これまでとこれから」）と時間に沿ってまとめることとした。こうしてでき上がった『この子を育てて』は、"この子を育てる"と心に決めた時から、"この子を育てて"と子育てを振り返るまで、里子とともに震災後を歩んだ里親の様々な思いがつまった小冊子となった（**表 3-4**）。

これらの作成を通して、里親は、日常生活を継続する中で、当初の使命感や責任感だけではうまくいかない数々の養育の悩みに直面していることがわかった。子どもの各発達時期の課題、特に思春期や反抗期については、どの里親も緊張して構えたり、実際に対応に苦慮したようだっ

た。学校や部活などの対応、スマートフォンやゲーム、インターネットなど、高齢で対応が難しいという声もあった。養育にあたっての戸惑い、迷い、不安、ストレスなどは、子育てのどの局面においても生じる可能性がある。ちょっとしたことが聞けること、弱音が吐けること、「その関わりで大丈夫」と確認してもらいながら、子どもの成長を一緒に喜べるような身近な支援があるとよい。里親サロンは、少しでもその一端を担えるよう心掛けた。

　一方、里子との時間を積み重ねたことから里親には肯定的な心境の変化も見られた。最初期の「無我夢中」「どう育つのか不安」「頑張らなくちゃいけない」という声から、時間とともに子どもの成長を感じ、日常の何気ない出来事を喜び、「大変だけど生活の張り・支え」「（措置解除が近づいて）安心感と満足感、なんとかやりきったかな」「育てて良かった」と感じておられた。里親も、里子とともに遺族であることから、一緒に故人を弔い、悼む様子もうかがえた。

　時間を共に過ごすことの意味は大きい。ある里親さんが、「初めは故人の代わりにお母さんにならなければならないと思っていたことが、だんだんストレスになっていた。そして、私は私でいいんだ、母親になる必要はないんだと思ったら気持ちが楽になった」とおっしゃった。母親になろうと一生懸命になることも、母親にはなれないと一旦荷をおろすことも、どちらも大事なのだろう。子どもを育てるということは、長い時間の中での関わりであり、信頼も絆もその長い時間の中で築かれているからである。そして、家族であるということは、ある時うまくいかなかったと思っても、やり直す機会があるということだからである。

　里親として、子どもの言動に傷つくこともあるし、どう感じているのかわからず不安になることもあるが、それもまた、相手を気にかけ、手をかけて、家族としての関係を模索している姿と言えよう。子どもは、自分の言動を相手に上手に表現できるほどには、まだ十分に大人ではない。生活を共にすれば、そこには葛藤も衝突も生じるのは想像に難くない。それでも日常生活は繰り返され、子どもは成長し、常に傍らにいて

くれた家族の存在に気づく時が来る。里親サロンや冊子の作成を通して、里親と里子が積み上げてきた家族の営みを見せていただいた。

2012 年度から始まった里親サロンは、2020 年度で 9 年目を迎える。2019 年 3 月現在、すでに措置解除を迎えた元里親の方もサロンに足を運び、大学生活を送る元里子の話や就職した元里子の話をしてくださる。18 歳を迎え、措置解除になったからといって、支援の必要性が無くなるわけではない。9 年間という時間の中で「ここだけで話せる」、「ここでなら話せる」という安心感と信頼関係を培ってきたことが、措置解除後のサロン参加に繋がっている。

2021 年 3 月に震災子ども支援室が閉室した後も、みやぎ里親支援センターけやきが中心となって「親族里親」サロンは継続される予定である。里親にニーズがある限り、継続した支援が望まれる。

表 3-4 「親族里親」の声（『この子を育てる』『この子を育てて』から一部抜粋）

1．はじめの頃
＜使命感・当然＞
・一人残された自分の身内なので、育てるのは自分しかいないと思いました。（この子を育てる）
・私たちが手放すってことは全然考えていなかった。（この子を育てて）
＜不安・心配＞
・一生懸命頑張って育てなくちゃならないなって、少し重荷なところもありますよね。全然ないって言ったら嘘になります。（この子を育てる）
・里親と里子っていうと、孫が大きくなってきたり、就職の時など、差し支えることがあるんじゃないかなー、どうかなーと考えて、一回はお断りしたんです。だけど「全然心配ないですよ」って言われて、安心しました。（この子を育てる）
＜配偶者への配慮＞
・自分にとっては妹の子だから預かることに抵抗はなかったですが、（血のつながっていない）夫にとってはどうだったろうかと心配しました。（この子を育てる）
・私にしてみればこころの孫だからいいけど、（里子と血縁関係のない）夫にすれば、葛藤はないけど、やっぱり何かあって当然ですよね。（この子を育てて）
＜励み＞
・孫がいなかったら私は生きていない。孫がいるから私は生きていられる。（この子を育てる）
・（娘は失ったけれど、生き残った孫を育てられるという）この嬉しさ。あくまでおばあちゃんなんだけれども。うん。この子を育てるっていうやっぱり意気込みだね。しっかりしなきゃいけない、自分がね。（この子を育てる）

(表 3-4　つづき)

<喪失感>
・私は当時、孫うんぬんよりも娘がいなくなったことで手一杯なんですよ。私には、とにかく朝きた、夜きた、ただそれだけ。今思うに、あの頃はたぶん、完璧な私は半分以上死んでいたと思ってます。(この子を育てて)

2.　生活を共にして

<戸惑い>
・震災前の環境や育てられ方と、私たちの育て方が違い、接し方が難しかった。(この子を育てて)
・私にはそんなに甘えたりしなかった。最初の頃はね。(この子を育てて)
<子育ての悩み>
・今はまだ勉強を教えられる。もっと学年が上がったらできない。(この子を育てて)
・パソコンだ、インターネットだって、俺たち全然わかんないから、それがこれから一番心配なの。(この子を育てる)
・子どもが年齢的に抵抗、反抗する時あるからね。そういう時はこちらが一歩ひいて、俺たちが折れる方がいいかなって思うのね。(この子を育てる)
・授業参観に行っても、年寄りだから恥ずかしいよね。階段上がるのも大変。(この子を育てて)
<喜び>
・やっぱりねえ、可愛くなってくるからね。自分の子と同じように。(この子を育てる)
・小学校の時の手がかかったのが嘘のように、中学生だと自分でできる。(この子を育てて)
・今まで夫婦二人だけの生活でしたよね。それが子どもが入ってきたことで、夫婦の会話がね。子どもに関してのやり取りになってる。(この子を育てる)
<親役割>
・(自分の) 子どもであれば怒るんだけど、孫となるとやっぱり怒れないのよ。(この子を育てる)
・一緒に住んでいるけど本当の親じゃないでしょ。でも、慣れていくうちに、錯覚してしまって。よくよく考えると「あ、違うんだ」って気づく。だから、あたしはおばちゃんでいいからと思ってる。(この子を育てる)
・いくら頑張っても父親、母親にはなれない。(この子を育てて)
<支援>
・自分たちには子どもがいなかったので、サロンであったり、お金の支援だったりっていうのは、本当に助かりましたね。(この子を育てる)
・運動会には私の実家の姪や(実の)息子どっちかが出て、孫と一緒に手をつないだりおんぶしたりして走ってくれる。(この子を育てる)
・こういう子って、みんなが可哀想、可哀想って、声かけてくれたり、いろいろなところに連れてってくれたり、買って与えたりするので、逆に、ただやってもらうのが当たり前、自分から誰かを思ったりすることがちょっと不足しているのかなって感じます。(この子を育てる)
<心配>
・母親がいなくなっても一切泣いたり、騒いだりしなかった。いつか抑えられなくなって、バンって来るかと思って心配で、ずっと頭にあった。(この子を育てて)
・将来、自分たちにもしものことがあったらと考えてしまうんですね。(この子を育てる)

（表 3-4　つづき）

・私は引き取って当たり前と思っていますが、本当にこれでよかったのか、育て方が間違っていないかとか毎日のように不安になります。（この子を育てて）

＜子どもの気持ち＞

・孫は、あまり口では語らない。でも、母親が死んだとき、孫は「親孝行すると思ったら、しないうちに死んでしまったって」っていっぱい泣いたのさ。二晩。（この子を育てる）

・「お母さんに会いたい」って言われたの。でもあの写真がお母さんだってわかったみたいなんですよ。わかってる。（この子を育てる）

＜故人への思慕＞

・娘（故人）のために子育てしてる。娘が亡くなったのが悔しいから。（この子を育てて）

・仏壇に向かって、「こういうふうに言われたんだよ」って「こんなに大きくなったよ」って言ってるの。（この子を育てて）

3．振り返って、終わりを目前に

＜気づき＞

・自分の子を育てるよりは、のびのび育てている。（この子を育てる）

・初めは（亡くなった）妹の代わりをしないといけない、お母さんにならなきゃっておもったんですよ。でも、だんだんストレスになってきて。だんだん。私は私でいいんだ、お母さんになる必要はないんだと思って、そこから気持ちがだいぶ楽になった。預かって 3 ヶ月かそれくらいでそう思いました。（この子を育てる）

＜里子の存在の大きさ＞

・突然に子どもと一緒に暮らすことになり、里親になりましたが、その時は何もかも夢中でやり遂げなければならないという思いだけが先立ちました。今振り返りますと、いつのまにか子どもが毎日家にいることがあたりまえのような気持ちになっています。（この子を育てる）

・あの子がいたから、仕事も頑張れるし、震災後のいろいろやっていかなきゃいけないことがスムーズにできた。（この子を育てて）

＜里親になったことの意味＞

・なんでこうなっちゃったんだろう。最終的には仕方のないことっていうか、そういう運命なんだろう。（この子を育てて）

・離れるまでお互いに面倒見なきゃいけないんだなって。私の人生はこれなんだなって。（この子を育てて）

・大変なときでも、故人たちは私が育てるっていうことを望んでいるなっていうことだけが私の最後の心の支え。（この子を育てて）

＜今の気持ち＞

・里親制度が終盤に近づいてるので安心感みたいな、ひとつ満足感みたいなものもある。いろんなことはあったけども、なんとかやりきったかなっていうような気持ちですね。（この子を育てて）

・子どもたちに対して自分が役にたったかどうかはわからないが、おじとして最低の仕事はしてやれたかなと思う。（この子を育てて）

＜これから＞

・みんなに支援していただいて貯蓄してきたお金を騙されないといいなと思います。（この子を育てて）

・基本的には、里親が終わっても一緒に暮らすつもりでいます。ただ子どもが好きなように。特に子どもにすがりつくようなことはしない（笑）。（この子を育てて）

参考文献・資料

秋田魁新報（2020）．震災孤児の里親を紹介／支援続ける大学院が冊子 6月20日（朝刊），22

朝日新聞（2019）．大人になっても相談できる場を／加藤道代・東北大教授に聞く 12月15日（朝刊），21

朝日新聞（2020）．大震災と子ども／心の傷癒やす支援を息長く 3月30日（朝刊），6

朝日新聞（2020）．震災孤児の里親たち 使命感・戸惑い・喜び／子育て共有 道のりを冊子に／東北大支援室「社会の理解広げたい」 5月14日（朝刊），17

一條玲香・加藤道代（2018）．東日本大震災をきっかけに里親となった親族の心境 日本発達心理学会第29回大会論文集，183

一條玲香・加藤道代（2019）．東日本大震災をきっかけに里親となった親族の養育 日本発達心理学会第30回大会論文集，211

岩手日報（2020）．里親 孤児 絆の歴史／東北大大学院「支援室」／子育て道程を冊子に 6月18日（朝刊），21

河北新報（2014）．透明な力を 災後の子どもたち／戸惑う里親 周囲も支えて／東北大震災子ども支援室長 加藤 道代さんに聞く 5月23日（朝刊），3

毎日新聞（2020）．震災孤児育てた里親／東北大大学院が冊子発行 6月19日（朝刊），17

日本経済新聞（2020）．震災孤児の里親 冊子に／東北大院、悩み聞き取る 6月20日（夕刊），7

震災子ども支援室（2014）．この子を育てる 東北大学大学院教育学研究科

震災子ども支援室（2015）．未成年後見人制度・里親制度について 東北大学大学院教育学研究科

震災子ども支援室（2019a）．この子を育てて 東北大学大学院教育学研究科

震災子ども支援室（2019b）．震災里親家庭及び養育に関する調査報告書　東北大学大学院教育学研究科

TBC 東北放送ラジオ（2020）．絆みやぎ明日へ　親子が暮らす街〜あのとき大人に何が出来たか〜　TBC 東北放送ラジオ　3 月 11 日

東奥日報（2020）．里親と子の絆　つむぐ／道程まとめた冊子発行／東北大大学院「震災子ども支援室」　6 月 17 日（朝刊），18

読売新聞（2014）．孤児 2 人　92 歳の子育て／孫のため「あと 10 年は…」／高齢者多く支援必要　3 月 10 日（夕刊），1

第4章　遺児家庭サロン

1. 目的と概要

　2011年の被災地視察訪問では、各地の児童相談所から、震災遺児の実情や対応についての課題をうかがうことができた。震災遺児（1574名）については、「震災遺児の数はまだ増える可能性もある。孤児は県外に出た人も抑えているが、遺児は抑えられていない」、「遺児については、義捐金申請があった人の分しか把握できていない」など、その把握の難しさが語られた。また、「父方祖父母と同居の場合で父親がなくなると、嫁の立場の母親は暮らし難くなる可能性もある」、「母親がなくなった時には、育児が父親の肩にかかり負担が大きい」、「残されたひとり親が精神疾患にある場合は深刻」、「同じ体験をしていても、そのことには触れたくないという人もいる」、震災遺児はひとり親家庭なので養育が大変」、「父親がなくなったことでの将来的な経済的不安がある」、「遺児家庭にはなかなか支援が届かない」など、震災遺児の生活状況や支援の難しさが指摘された。

　震災子ども支援室が震災遺児・孤児に限定した支援ではなく、被災した子どもと子どもに関わる人たち全体を対象とする支援方針に拡大した経緯については、先に述べたとおりである。しかし、いかなる支援活動においても、関係機関との関係構築は必要であり、機会さえあれば遺児・孤児支援に対応できるように、各機関との情報交換を行っていた。

　そんな折の2013年、宮城県東部保健福祉事務所（以下、東部保健福祉事務所）から、管内、石巻市、東松島市、女川町の震災遺児家庭を対象としてサロンを実施したいので、助言が欲しいという依頼を受けた。これは、既に震災子ども支援室が"里親サロン"を実施していたことから、会の持ち方や進行等に注意しなければならないことを教えてほしい

と依頼されたものであった。そこで、東部保健福祉事務所と震災子ども支援室の連携事業として、"保護者交流会（ぽっかぽかサロン）"が開始されることになった。

2. 運営と実施

　2014 年には、石巻における遺児家庭サロンが定期的開催（2 か月に 1 度）となった。参加者数こそ少なかったが、東部保健福祉事務所では、毎回、サロン開催のお知らせを届けることをきっかけに遺児家庭の現状を把握し、つながりを維持できる意味は大きいと評価していた。

　震災後の時間の経過に伴い子育ての状況や支援ニーズは変化する可能性がある。そこで 2015 年、震災子ども支援室は、遺児家庭の現状と支援ニーズの把握のために、東部保健福祉事務所管内の震災遺児家庭 184 世帯を対象としたアンケート調査を行った。詳細は次項に詳述するが、その結果から、思春期の子どもとのかかわりに不安や悩みをもつ家庭が多いことがわかり、2016 年には思春期のこころと身体に理解や子育てのヒントをテーマとして、3 回の講演会を開催した。

　アンケート調査は、遺児家庭サロンをより利用しやすいものとするための情報収集でもあった。具体的には、いつ、どこで、どのようなかたちでサロンを開催すれば、より多くの方々のニーズに応えることができるのかという点である。この点について結果からわかったことは、遺児家庭の中には、支援が継続される必要がある家庭だけではなく、子どもが自立して一定の安定をみた家庭もあった。時間が経ち、再婚等により新しい家族に移行している家庭もあった。こうした中で遺族の心情を鑑みると、いつまでも「遺児家庭」という括りで全体を一括して対応することは難しいだろうと思われた。また、平日は仕事をしていて日程と合わない、逆に休日は子どもに関わるので出られない、開催場所まで行けないなど、個々別々の事情も見えてきた。それぞれの事情とニーズを推し量ると、サロン形式よりもより個別の支援の方が馴染むだろうと考え

られた。

　そこで、東部保健福祉事務所と相談の上、従来の遺児家庭サロンは
2016年度をもって一旦終了し、通常の支援事業の中で個別対応してい
くことを決めた。なお、震災子ども支援室は、個人情報を除いた回答部
分の集計、分析のみを担当したため、回答者の個人情報には触れていな
い。フィードバックされた分析結果は、東部保健福祉事務所において再
度ひもづけされ、東部保健福祉事務所によるその後の個別対応と支援に
役立てていただくこととなった。

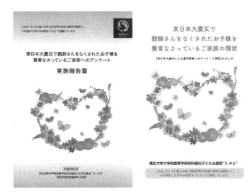

図4-1　遺児家庭調査報告書およびリーフレット

参考文献・資料

加藤道代（2016）．東日本大震災後5年目における震災遺児家庭の現状.
　　日本発達心理学会第27回大会発表論文集, 426.

加藤道代（2016）．遺児家庭調査報告書　東日本大震災で親御さんをな
　　くされたお子様を養育なさっているご家庭へのアンケート実施報告
　　書.

第5章　遺児・孤児学習支援 "しゅくだい塾"

1. 目的と概要

　2015年、震災子ども支援室は、長い間の念願だった震災遺児、孤児の子どもたちへの直接的支援となる学習支援事業（通称 "しゅくだい塾"）を開始した。

　"しゅくだい塾" は、東北大学教育学部および大学院教育学研究科の学生が、8月には陸前高田市、8月と11月には石巻市に出向き、子どもたちが教えてもらいたいと思う学習内容に合わせて、1対1の個別学習を行うものである。アルバイトに家庭教師や塾講師を行っている学生や、教育学や心理学を学ぶ学生、日頃から支援を志し自分が何か役に立てるならと考える学生もいた。もちろん、単純に子どもが好きという学生も協力してくれた。

　学習支援は、遺児、孤児たちの "困難さ" ではなく、"健康な育ち" に対するアプローチを目指したものである。大学生には、事前に震災遺児、孤児という事情や対応の心構えをお願いはしたが、その後は、良きお兄さんお姉さんとして子どもたちとの触れ合いを楽しんでもらうことを重視した。わからないことがわかるようになる喜び、気が重かった宿題が終わる解放感、長時間の勉強の合間に元気に発散するレクリエーションの楽しみ、できたことをほめてもらう嬉しさ、それを保護者に報告する誇らしさなどを、少しでも多く感じてもらえればという思いであった。

　この取り組みには、里親や保護者のレスパイト（息抜き）という副次的なねらいもあった。子どもたちが勉強している時間に、別部屋で保護者のミニサロンを企画するのもよいのではないか。子どもたちの年齢が上がるにつれて、勉強内容は相応に難しくなる。保護者としては、子ど

もに勉強をさせなければならないという思いがあっても、実際に自分が子どもに教えるのはなかなか大変なものである。もし、大学生にみてもらいながら子どもが夏休みの宿題を仕上げることができれば、保護者は家の中で小言を言う必要もない。長期休みの合間のほんのひとときかもしれないが、子どもの勉強や休み中の宿題は大学生にみてもらいながら、保護者の方々にはゆったりした気持ちになって頂きたいと考えた。

ところで、学習場面は、子どもと教師役学生の相互作用の場であることを考えると、当然ながら、子どもと大学生の双方に活動の効果が予想される。大学生の方もこの経験を通じて感ずるものがあるだろう。そこで、"しゅくだい塾"が大学生にどのような影響を与えるのかについて、アンケート調査を行った。開催時期や学習内容、プログラムの進行やテキストの選別など、時には大学生の意見や感想も取り入れながら、子どもたちの充実した学習体験のために工夫を重ねた。

なお、この"しゅくだい塾"は、あしなが育英会との連携事業であった。震災遺児、孤児の子どもたちへのお誘い、レインボーハウスの会場提供、お楽しみの提供など、震災子ども支援室だけでは進められない事業を、力強くバックアップして頂いた。

2. 運営

2015 年度から 2019 年度の 5 年間で 15 回の"しゅくだい塾"が行われ、延べ 145 名の子どもたちが参加した。"しゅくだい塾"を実施するためには、あしなが育英会との打ち合わせ、対象となる子どもの募集、講師を務める学生等の募集、講師スタッフの移動や宿泊の手配等、各方面との連絡調整が必要である。その手続きは以下のとおりであった。

年度のはじめに、共催するあしなが育英会と"しゅくだい塾"の日程やプログラムについて打ち合わせを行った。その後、講師役として参加する大学生（大学院生含む）のアルバイト募集チラシと家庭向けの子ども参加募集チラシを作成した。家庭向けのチラシは、あしなが育英会を

通じて該当する家庭に送られた。子どもたちの参加募集は、直接保護者から震災子ども支援室に参加申し込みをする形をとったが、声がけを行うあしなが育英会経由で参加申し込みをされる方も少なくなかった。

　"しゅくだい塾"が開始された初期は、震災子ども支援室が所属する東北大学大学院教育学研究科内で学生アルバイトを募集していたことから、講師は、主に教育心理学、臨床心理学を専攻する学生が担当していた。しかし、教育学研究科内だけでは予定人数が集まらない場合があり、教育・学生支援部キャリア支援事務室から広く学内に周知をしてもらい、他学部の学生にも協力してもらうこととなった。このため、5年間に参加した大学生の専門分野は、文学系、教育学系、理学系、工学系、農学系、医学系と多岐に及んでいる。理系の学生の参加により、子どもたちの希望する教科への対応の幅が拡がった。大学生には、"しゅくだい塾"の目的や講師役の大学生に期待すること、その回に参加する子どもの特徴や留意点などについて事前にレクチャーを行った。

　"しゅくだい塾"は、概ね石巻では2日間、陸前高田では3日間開催された。震災子ども支援室のある宮城県仙台市から岩手県陸前高田市までは、車で約3時間、移動で約半日（往復で一日）を要するため、陸前高田での開催期間を長く設定した。期間中、大学生は現地に宿泊し、レインボーハウスに通って学習支援を行う。一方、子どもたちはあしなが育英会の送迎や保護者の送迎によってレインボーハウスに通ってくる。代表的な "しゅくだい塾" のスケジュールは**表5-1、5-2**に示す通りである。なお、子どもが "しゅくだい塾" に参加している間に、身体のケアを目的とした筋膜ケア[10]や手芸などの保護者向けのプログラムを開催した回もあった。はじめに、あしなが育英会のスタッフ、震災子ども支援室スタッフ、大学生スタッフでミーティングを行い、当日のスケジュールや担当者などを確認した。"しゅくだい塾" では、最初に、自己紹介を兼ねたアイスブレイクとレインボーハウスでのルールの確認が

---

[10] 筋肉についている薄い膜である筋膜をほぐすことにより、血管やリンパの流れ、神経系の働きが良くなり、心身の機能回復や活性化に効果が期待できる。

表 5-1 石巻 "しゅくだい塾" の代表的なスケジュール

	時間	内容
一日目	10：00〜	石巻レインボーハウス　スタッフ集合、朝のミーティング
	11：00〜	子どもたち集合、はじまりの会
	11：30〜	勉強タイム①（50分）
	12：20〜	昼休み（60分）
	13：20〜	勉強タイム②（50分）
	14：20〜	勉強タイム③（50分）
	15：10〜	お楽しみ会（20分）
	15：30〜	勉強タイム④（50分）
	16：30〜	終わりの会
	16：50〜	スタッフ振り返り、翌日の確認
二日目	9：00〜	石巻レインボーハウス　スタッフ集合、朝のミーティング
	10：00〜	子どもたち集合、はじまりの会
	10：30〜	勉強タイム①（50分）
	11：30〜	勉強タイム②（50分）
	12：20〜	昼休み（60分）
	13：20〜	勉強タイム③（50分）（絵画教室や作文教室を実施）
	14：20〜	勉強タイム④（50分）（絵画教室や作文教室を実施）
	15：10〜	お楽しみ会（20分）
	15：30〜	終わりの会
	16：00〜	スタッフ振り返り、撤収

なされた。大学生スタッフは、勉強タイムには学習支援を、休み時間には子どもと一緒に遊んだり、話したりすることを担った。あしなが育英会には昼食やおやつ、飲み物の提供をいただいた。震災子ども支援室スタッフは、はじまりの会、お楽しみ会、終わりの会の司会を務めるとともに、全体を見守りながら適宜大学生や子どもたちのサポートをおこなった。

　レインボーハウスでのルール確認は、休み時間に大学生と遊んでいた子どもがつい興奮して、相手を叩いてしまったり、集まりの時間に私語が止まらなかったことから導入したものである。もともとあしなが育英会では、通常プログラムを行う際、子どもたちの安全・安心を守るため

表 5-2　陸前高田 "しゅくだい塾" の代表的なスケジュール

	時間	内容
一日目	8：00〜	東北大学集合、大学生、スタッフ小型バスで陸前高田レインボーハウスへ移動
	12：00〜	陸前高田レインボーハウス到着、打ち合わせ、机のセッティング
	13：00〜	子ども達集合、はじまりの会
	13：30〜	勉強タイム①（50分）
	14：30〜	勉強タイム②（50分）
	15：20〜	お楽しみ会（20分）
	15：40〜	勉強タイム③（50分）
	16：40〜	勉強タイム④（50分）
	17：40〜	終わりの会
	18：00〜	スタッフ振り返り、翌日の確認
二日目	9：00〜	陸前高田レインボーハウス　スタッフ集合、朝のミーティング
	10：00〜	子ども達集合、はじまりの会
	10：30〜	勉強タイム①（50分）
	11：30〜	勉強タイム②（50分）
	12：20〜	昼休み（60分）
	13：20〜	勉強タイム③（50分）
	14：20〜	勉強タイム④（50分）
	15：10〜	お楽しみ会（20分）
	15：30〜	勉強タイム⑤（50分）
	16：30〜	終わりの会
	16：50〜	スタッフ振り返り、翌日の確認
三日目	9：00〜	陸前高田レインボーハウス　スタッフ集合、朝のミーティング
	10：00〜	子ども達集合、はじまりの会
	10：30〜	勉強タイム①（50分）
	11：30〜	勉強タイム②（50分）
	12：20〜	昼休み（60分）
	13：20〜	勉強タイム③（50分）（絵画教室や作文教室の実施）
	14：20〜	勉強タイム④（50分）（絵画教室や作文教室の実施）
	15：30〜	終わりの会
	15：40〜	スタッフ振り返り、撤収
	16：30〜	陸前高田レインボーハウス出発、帰路
	19：30	東北大学到着

に、7つのルールを設定し、絵カードを用いて説明している。例えば、「ひとやじぶんのからだをきずつけない」、「ひとやじぶんのこころをきずつけない（ひとのいやがることをしない・いわない）」、「ストップといわれたらやめる・とまる」「トーキングスティックをもっているひとがはなす」などである。"しゅくだい塾"においても、このルールをあしながが育英会のスタッフから再度確認してもらうことで、いつもと違うスタッフと行うプログラムであっても、守らなければならないルールは同じであるということを再認識してもらうねらいがあった。ルールが全体に共有されることで、大学生もされて嫌なことを「やめて」と言いやすい、子どもたちを注意することを必要以上に遠慮しなくなるといった効果があった。

　子どもたちは、小、中学生を中心に、小学校1年生から高校3年生まで幅広い学年層が集まった。一回の"しゅくだい塾"に参加する子どもたちの人数は、数名から数十名とばらつきがあった。子どもたちと大学生は、1対1、あるいは2対1で学習を行った。子どもたちと大学生の組み合わせは、子どもが希望する学習内容や互いの相性を鑑みて、震災子ども支援室スタッフが事前にマッチングを行った。"しゅくだい塾"を進める中で、学習内容の変更があったり、実際に接してみて上手くいかない場合には、臨機応変に組み合わせが変更されることもあった。学習支援の中では、見通しが持てるように時間割を大きく書いた模造紙をテーブルごとに掲示したり、落ち着いて学習できるように席の配置やグループ分けが検討された。また子どもたちそれぞれの机上にも時間割と「"S-チル"のお約束」と題したルールを置いた（**写真5-1**）。低学年の子どもたちの学習へのモチベーションを上げたり、達成感を味わうことのできるよう「ごほうびシール」を活用したり、集中できるように個室を用意するなど工夫も行われた。また、学習の振り返

写真5-1　しゅくだい塾の記録など

りと成果を残しておくことと家庭に学習の様子を伝えるために「しゅく
だい塾の記録」が導入された。「しゅくだい塾の記録」には、1 コマごと
に学習した内容とそれについての自己評価を子どもたちが記入する部
分と 1 日を総括して講師役である大学生からのコメントと家庭からのコ
メントを記入する欄が設けられている。「しゅくだい塾の記録」を活用
することで、子どもたちにとって学習記録が可視化されるだけでなく、
家庭とのやり取りが促進された。勉強タイムは 50 分間で、次の時間の
間には 10 分間の中休みが設けられた。

　あしなが育英会のご厚意により、お昼には、お弁当やスタッフの手作
りカレー、また勉強の中休みには、飲み物やおやつを提供していただい
た。震災子ども支援室スタッフ、大学生、子どもたちが一緒に昼食を囲
んだ。遊びの時間とともに、美味しいものを一緒に共有することで、初
めて会った大学生と子どもたちの距離が縮まるように感じられた。

　午後の勉強タイムの間に設定されているお楽しみ会では、震災子ども
支援室が考えた様々なレクリエーションが行われた。伝言ゲームや風船
渡しなど、勉強の合間には身体を動かせるよう工夫した。ゲームに負け
た悔しさで、泣き出してしまう子どももいるほど白熱することもあっ
た。

　また 2 日目、3 日目の午後の勉強タイムに、外部講師を招き、工作や
絵画教室、作文教室を行うことがあった。これは、夏休みの課題として
出される工作や作文に対応したものであり、保護者にも子どもたちにも
大変好評であった。保護者や子どもたちとつながって、当事者の声を聴
き、ニーズに合わせたオーダーメイドの支援を心掛けてきたことが、教
科学習だけでない工作・絵画教室、作文教室につながった。

　終わりの会では、一日の感想を共有した。最終日には、子ども一人一
人に総学習時間が記入された賞状が手渡された。一緒に勉強した子ども
たちや大学生、お迎えに来ている保護者の拍手に、子どもたちは照れ臭
そうにしながらも、顔には長時間の学習を頑張った誇らしげな表情がみ
られた。

一日の"しゅくだい塾"の活動終了後、必ずスタッフ全員で一日の振り返りを行った。子どもたちの学習の様子だけでなく、遊びの中での言動や、講師役として試行錯誤や迷い、難しさ等が共有された。他の大学生の発言やあしなが育英会スタッフから普段の様子の報告、震災子ども支援室スタッフからのフィードバックを講師役の大学生は翌日の支援に活かした。

　"しゅくだい塾"の終了後には、参加してくれた子どもたち・保護者にアンケートを実施し、その後の"しゅくだい塾"を計画する参考とした。保護者や子どもからの声は、実際に学習支援に携わった大学生にも貴重なフィードバックとなった。

写真 5-2　"しゅくだい塾"の様子

3. "しゅくだい塾"座談会－震災遺児・孤児の学習支援から見えてきたこと－

2019年8月24日に、それまで震災遺児・孤児に勉強を教える "しゅくだい塾" にスタッフとして参加した方々に集まっていただき、本座談会を行った。2020年度の震災子ど

写真5-3　"しゅくだい塾" 座談会の様子

も支援室閉室とともに、"しゅくだい塾" も終了となるため、それまでの活動を振り返って記録として残すことを目的とし、"しゅくだい塾" が果たした役割や意義、課題、および震災遺児・孤児に必要な今後の支援について意見が交わされた。

■**座談会参加者**（※所属先は、"しゅくだい塾" 参加当時のもの）
若宮 紀章（わかみや のりあき）
　あしなが育英会職員。2015年度の夏から2019年度まで参加。石巻担当。
小川 里奈（おがわ りな）
　あしなが育英会職員。2016年度の夏から2019年度まで参加。陸前高田担当。
千葉 柊作（ちば しゅうさく）
　東北大学大学院教育学研究科所属。2015年度の夏から2018年度の秋まで参加。
久野 直毅（ひさの なおき）
　東北大学大学院理学研究科所属。2018年度の夏と秋に参加。
登坂 如恵（とさか ゆきえ）
　東北大学大学院教育学研究科所属。2015年度の夏と冬、及び2016年度の夏と秋に参加。

大堀 和子（おおほり かずこ）
　東北大学大学院教育学研究科震災子ども支援室相談員。2015 年度の夏から 2019 年度まで参加。

■司会
加藤 道代（かとう みちよ）
　東北大学大学院教育学研究科教授、震災子ども支援室室長

①震災遺児・孤児のイメージと彼らの実際の姿
悲惨なイメージを持たれがちな震災遺児・孤児たち。実際に会ってみると、他の子どもたちと変わりはなく、驚くほど元気で、かわいかった。

加藤：当時は大学院生だった方々に伺います。“しゅくだい塾”は震災遺児・孤児対象なのですが、当初、子どもたちにどんなイメージをお持ちでしたか。また、子どもたちに実際に勉強を教えたり、一緒にレクリエーションをしたりしたことで、そのイメージは変わったのでしょうか。

千葉：私は専門分野が臨床心理学ということもあり、震災遺児・孤児という子どもたちにもそれほど違和感はありませんでした。ただ、今、振り返ってみると、親をなくした子どもたちですし、**特殊な状況にあるのだろうと身構えていた**ところはあったように思います。でも、実際に会ってみると、子どもたちは驚くほど元気いっぱいで、構ってもらいたいようでした。

久野：私は宮城県外の出身で、震災後に宮城に来ました。“しゅくだい塾”が、震災遺児・孤児を対象とすると書かれているのを見たときは、悲惨な文字の並びだと思いました。当初、震災で親を亡くした子どもたちに関しては心配のようなものを抱えておりましたが、**実際に接すると、子どもたちは元気いっぱいでした**。メインの活動は勉強ですが、休み時間に子どもたちと一緒に遊ぶのが楽しくて、毎回、子どもたちと遊んでいるといつの間にか“しゅくだい塾”が終わっている感じでした。

登坂：彼らが置かれた状況を考えると、最初はそのイメージを持つことすらできず、身構えてしまったところがあり、子どもたちにどういうふうにアプローチするかとか、どう関わるかといったことも分かりませんでした。**どういう点に配慮すべきか、どのような点に触れない方がよいか**といったことを、他のスタッフの方々にずいぶん聞いた記憶があります。ただ、子どもたちが出さな

写真 5-4　登坂如恵氏

いのか、出ないものなのかは分かりませんが、実際に"しゅくだい塾"で子どもたちに会うと、**彼らは他の子どもたちと変わりなく、とても元気で、かわいく、むしろ私たちの方が子どもたちから元気をもらっている**という感じでした。

②子どもたちの普段の様子と"しゅくだい塾"での様子の違い

普段の集まりでは、子どもたちはそれぞれのペースで思い思いに過ごすが、"しゅくだい塾"では、ひとつの場所に集まり、決まった時間の枠組みの中、集中して勉強に取り組んだ。

加藤：いつも子どもたちと接しているあしなが育英会の方々は、"しゅくだい塾"での姿をどのようにご覧になっていましたか。

小川：普段のプログラムの中での子どもたちは、**それぞれのペースで思い思いに過ごします**。"しゅくだい塾"のように、時間の枠組みが決まっていて、皆がひとつの場所に集まって何かをする時間はそう多くありませんので、集団で過ごしている子どもたちの様子は新鮮でした。勉強を教えてくれる講師の先生がいて、**同じように頑張っている仲間がいる環境の中、それぞれが自分の勉強、自分の学びをする点が、普段とは違っていました**。子どもたちが集中して勉強に取り組む姿を見て、遊んでいるときとは大きく違う印象を持ちました。「もう疲れた」と言う子どもが、「もうちょっとだよ。頑張ろう」と講師の先生に励ましてもらって頑張る姿なども、強く印象に残っています。

また、陸前高田を担当して、先生と子どもにしろ、子どもたち同士にしろ、一体感があると強く感じました。初めて会う子どもたちももちろんいて、彼らと関わる時間はそう多くはないものの、一緒に勉強をしていく中で、距離が近くなるのが早いと感じました。

若宮：私は石巻の担当でしたが、参加した子どもたちの8割くらいはいつもレインボーハウスに来ている子どもたちでした。彼らにとっては、「レインボーハウス＝安心できる場」ですから、最初はその雰囲気の中で勉強に取り組んでいたのではないかと思います。

写真 5-5　若宮紀章氏

　子どもたちは普段のプログラムの中で、様々なファシリテーターさんと出会う時間があります。いつも来ているファシリテーターさんもいれば、たまにしか来ないファシリテーターさんもいて、いろいろな方々との出会いがあります。新しい人との出会いに関しては、もちろん最初は緊張すると思いますが、レインボーハウスの中ではその緊張が解ける時間が少し早いのではないか、特にいつも来ている子どもたちにはそういう部分があったのではないかと思っています。レインボーハウスだからこそ、子どもたちがいつもの自分のペースになるのにそれほど時間がかからなかったと感じています。

③“しゅくだい塾”は子どもたちにとって、どのような場であったか
“しゅくだい塾”は、積極的に勉強に取り組む場となり、子どもたちは宿題をやり遂げることで達成感を得た。講師の大学生との触れ合いは、彼らが若者と接する貴重な機会となった。

加藤：回数は少ないけれども、大学生が来て勉強を教えてくれる“しゅくだい塾”は、子どもたちにとってどのような意味を持っていたか、感じたことを教えてください。

小川：陸前高田で私自身も子どもたちの部屋に泊まり、女の子たちと同

じ部屋で過ごす中で、「ここができるようになった」とか、「先生が優しくて、分かりやすかった」といったいろいろな声を聞くことができました。

　疲れが見える子どもたちに、「どうだった？」と聞くと、もちろん「すごく疲れた」とは言うのですが、「勉強の方はどうだった？」と聞くと、「頑張った」、「できた」、「この課題が全部終わった」といった達成感を感じていました。"しゅくだい塾"は、**子どもたちが自分でやることを決め、教えてくれる講師の先生にアドバイスをもらいながら自分の力でそれを成し遂げて達成感を得ることで、自尊感情を自ら育む場に**なっていたのではないかと、客観的に見ていて思いました。

若宮：石巻の場合は、ファシリテーターさんが子どもたちの父母、あるいは祖父母に近い世代の方が多いという特徴があります。レインボーハウスに大学生が全く来ないというわけではありませんが、会える機会はそう多くありません。ですから、子どもたちにとって、**自分のお兄さん、お姉さんぐらいの年齢の大学生と触れ合うことは、若者でない世代の方々と接するのとは違った意味があった**と思います。保護者の皆さんは、勉強のできる東北大学の学生さんが教えに来て下さることに、大きな期待を持っていらっしゃったのではないかと思います。

加藤：教える側からはいかがでしたか。

久野：名称がずばり "しゅくだい塾" ですから、子どもによって多少の違いはあるかもしれませんが、そこに来る子どもたちは基本的に、勉強に取り組むのがメインの場所だと思って参加し、前向きに、積極的に勉強に取り組もうと挑戦する場だったのではないかと思います。自分たちと近い年齢の人が勉強を教えてくれたり、一緒に遊んでくれたりする "しゅくだい塾" の雰囲

写真 5-6　久野直毅氏

気は、子どもたちにとって、**年に1回、親戚のお兄さんやお姉さんと遊ぶような感覚に近い**のかなと思っていました。だからこそ、子どもたち

にとってたまに勉強を頑張ったり、羽目を外して遊んだりできる場になり得たのではないかと感じています。

加藤：「たまに」であることにも、意味があったのではないかということですね。

登坂：受け持った子どもたちのことを思い出しました。小学生をメインに担当しましたが、参加した仲間と一緒に「達成シート」を作って、「ここまで終わったらシール1枚」というスタンプラリーのようなものを作りました。"しゅくだい塾"に参加したわずかな期間の中でも、子どもたちが自分の成長を感じられるように、頑張ったことやできたことを形として残したいと思いました。"しゅくだい塾"は、子どもたちの**達成感とか、「自分はできる」という気持ちを培っていける、特別な場**だったのではないかと思います。

　また、中学生や高校生も来ていましたが、彼らは年齢が近い大学生が教える様子を、自分の将来の姿のひとつとして捉えることもできたのではないでしょうか。子どもたちが自分の今後について考える場でもあったのではないかと思いました。

千葉：私は、子どもたちが宿題を終えることができたことが大変良かったと思っています。さらに**勉強の仕方の学習にもなった**と思います。"しゅくだい塾"は基本的に、教える方がやることを決めるのではなく、子どもたちが「これをやるから、教えてください」から始まります。親御さんと一緒にやることを考えて、「今日はこれをやりたいです」と宿題を持ってくるという

写真 5-7　千葉柊作氏

ことはとても良いことで、それができるとできないとでは、全然違います。

　もう一点、良い点としては、久野さんがおっしゃった、「親戚のお兄さん」の効果ですね。「稀人（まれびと）」ではないですけれど、たまに来る人が一緒に遊んでくれるというのは、やっぱり楽しいものです。それから「こ

の時間はこれをします」とある程度決められた枠組みの中で動くという
のも安心感につながったのではないでしょうか。

④"しゅくだい塾" の中での試行錯誤

**参加する子どもの年齢や要望に合わせた対応に試行錯誤した。講師の大
学生は、自分の専門分野以外のことを教えなければならない大変さも
あった。**

加藤：登坂さんが使ったシールがきっかけとなり、その後、"しゅくだ
い塾" では必ずシールが登場するようになりました。

登坂：最初にとても元気な子どもたちだという話を聞いていたので、ど
うやって集中させられるか考えました。シールを活用してみると、子ど
もたちはすごく集中して頑張って勉強するようになりました。終わると
きに、子どもたちが「見て！今日、これだけシールが貯まったんだよ！」
と話す様子を見て、シールを持って来て良かったなと思って嬉しかった
です。特に小さい子どもにとっては、努力が形に残るということが大事
だと思いました。自分を褒めるようで恥ずかしいのですが、「やって良
かったな」と感じています。

加藤：子どもたちがそれぞれ自分のやりたい宿題を持ってくる形なの
で、必ずしも皆さんご自身の専門分野を教えるとは限りませんでした
ね。

久野：私の前の理系の学生は、作文担当になって、そればかり教えてい
たようです。

千葉：文系の学生が高校生の物理を教えていました。

若宮：それは教えるほうもなかなか大変ですね。

千葉：文系の学生からすると、小学校の理科でも結構大変でした。

登坂：中学校と高校の数学には、私たちは勉強していない統計の分野が
入っていて、それもなかなか…。私は小学生を教えていたので、その点
はラッキーでしたが、毎回、ハラハラして、教える教科は何だろうと気
になりました。子どもはやる気がありますから、私たちもその期待に応

えなければならない責務があるので、「教えられるかな」という不安はありました。

加藤：教えていて他に困ったことはありませんでしたか。

千葉：子どもの脱走でしょうか。一番印象に残っています。年々参加する子どもが低年齢化し、それとともに起こる問題も変わって、**低年齢の子どもたちにどう対応するか**みたいな話になりました。おそらくその時々の困りごとというのがあったと思います。

若宮：そうですね。石巻にはおととし、小学1年生が3、4人来たように思います。ちょっと大変でしたね。

加藤：震災子ども支援室からも室員が交替で入り、"しゅくだい塾"全体を見守りました。大堀さんからはどうでしょう。

大堀：登坂さんと千葉さんには立ち上げの時期から関わっていただきました。事前にいろいろな話し合いをし、"しゅくだい塾"は成績を上げるために勉強を教える場ではなく、子どもたちが分からないことを親身に教える場という方向でやりましょうとお願いしました。参加する子どもたちには、持ってくる課題や勉強したいことを事前に聞いてはいましたが、当日持ってきたものがちょっと違うなど、「あれ？」ということもありました。学生さんにはそういった状況にも柔軟に対応してもらい、運営側としては本当に心強く感じました。

　最初は、子どもたちが「勉強は大変だ」と感じるのではないかと考えていましたが、実際には部屋の雰囲気がガラッと変わって勉強モードになる様子を見て、学生さんの雰囲気の作り方は大変上手だし、**子どもたちもそれに合わせてうまく意識のモードを変えている**のではないかと思いました。

登坂：宿題以外では、子どもたちと遊んだり、初対面の緊張を解きほぐす「アイスブレイク」をしたりしました。

　メリハリを付けるようにしていたので、子どもたちは宿題をやるときは非常に集中し、休み時間にはホールで幅広い年齢層で一緒に遊びました。"しゅくだい塾"には、勉強ではない面もたくさんあったように思

います。

大堀："しゅくだい塾" で、進路や将来のことを話してきた子どももいました。普通科ではない専門コースで学んでいる高校生は、専門分野の勉強がしたいということで、やりたいことを事前に確認して持ってくることもありました。年齢が上の子どもたちからは、そういう要望も出てくるのだなと感じました。

⑤ "しゅくだい塾" は保護者にとって、どのような場であったか

保護者にとって、夏休み中に子どもの勉強を見てもらえる場であると同時に、自分が落ち着いて過ごせる時間を確保できる場ともなった。

加藤："しゅくだい塾" の取り組みには、保護者の方々に一時的に休んでもらう「レスパイト」支援になればという思いもありました。

登坂："しゅくだい塾" が終わるときに、お迎えに来られた保護者の方にお子さんの様子を伝えると、保護者の方々は、「家だとこんなことは全然しないのに」とか、「家だとこういう様子は全然見られない」とおっしゃるわけです。保護者にとって、"しゅくだい塾" は、**他の人との関わりの中での子どもさんの様子が見える場**であり、家庭とは別の子どもを育む場であって、保護者が子どもさんの新たな成長や新たな側面を見ることができる新鮮な場でもあったのかなと思います。

　今は「サザエさん」みたいな大家族というのはほとんどありません。さらに言うと、例えば母親と一人っ子というひとり親家庭だと、大人ひとり、子どもひとりで暮らしますから、大人と関わる機会はそもそも少ないわけです。そういう意味で、"しゅくだい塾" は子どもたちがいろいろな大人と関わることができる大事な機会になっていたと思います。子どもたちが様々な刺激をもらう、そしてそれに伴って成長する場であり、**保護者にとっては子どもを預けることで落ち着いて過ごせるご自分の時間を確保できる場**でもあったと思います。

　「どうやって子どもに勉強を教えたらいいか分からない」という悩みを抱える保護者もいらっしゃいました。"しゅくだい塾" はそうした保

護者の一助になった部分があったのかもしれません。

久野："しゅくだい塾"では、どの子どもがどの時間にどういう勉強をしたかという「しゅくだい塾の記録」を付けていました。私は小学生担当で、漢字ドリルの宿題をやるときには一生懸命やらせるだけでなく、間違えたところだけ私が抜き出して復習させたりもしていました。子どもたちは、そういった頑張り具合も分かる「しゅくだい塾の記録」を家に持って帰り、保護者から一筆もらってまた次の日に持って来るわけです。

　保護者が、「親が子どもの勉強に関して何か言うのはなかなか難しいので、非常に助かっています」と書かれていることもありました。保護者が自分の子どもではない子どもの面倒を見ている可能性もあり、震災で困難に立ち向かった子どもに勉強をやるように強く言いにくいのかもしれないとも考えました。そういった精神的な部分に関しても支援ができていたのではないかと感じます。

加藤：小川さんは保護者とよくお会いになっていらっしゃいますね。

小川：私はこの企画が始まる前から、保護者から子どもたちの学習に対する不安や悩みを聞いていました。よく伺うのは、小学校の低学年の子どもに、保護者が習ったように漢字の書き方を教えても、「間違いだよ」と言われることがあるそうです。保護者の中には、「今は私たちの時とはやり方が違うから教えようがない」と言ってお手上げになっていた方々もいらっしゃいましたから、**今時の学習方法について自分たちよ**

写真 5-8　小川里奈氏

りも知っている人たちが教えてくれるということは純粋にありがたいことだったと思います。

　"しゅくだい塾"は夏休み中に開催されます。お仕事をされている保護者には、「子どもたちは夏休みだけど、私たちには仕事がある。平日、子どもをどこに預けて、何をさせよう」という悩みがあるわけです。仕事に行くときに、「ちゃんと勉強するのよ」と言って家を出て行くけれ

ども、帰って来たら勉強した様子はなく、遊び散らかしているというお話を保護者から聞いたこともあります。夏休み中の何日かだけでも "しゅくだい塾" で勉強を見てもらえる、子どもが家にいない日があるということだけで保護者は嬉しいし、余計に怒らなくて済みます。そこに "しゅくだい塾" の大きな意味があります。

　それから、保護者にとっては、学生さん、それも東北大学の学生さんから教えてもらえるというのは魅力的だったのではないかと思います。岩手県の沿岸部には大学がないので、大学生に接する機会も少ないですから、学生さんたちに教えてもらえる環境の中で勉強できるというのはとんでもない魅力なわけです。参加に結び付かなかったご家庭もたくさんありましたが、「子どものやる気さえあれば、いつでも送り出したい」というお話は、多くの保護者から聞きました。

若宮：夏休み中、家に子どもがいない時間を作れるというのは間違いなく非常にありがたいことですよね。子どもたちは 1 か月ぐらいずっと家にいるので、保護者は毎日朝、昼、夜の 3 食を作らなければいけませんが、"しゅくだい塾" がある日は、レインボーハウスで昼食が出ますので、助かるわけです。

　「勉強をどうやって教えたらいいか分からない」と言うお母様は、「家で子どもの宿題を見てあげるけれど、うまくいかない。『どうして分からないのかしら』って思うことも多くて、イライラすることがある」とおっしゃっていました。皆さんに全部面倒を見てもらえるというのは、お母様方にとっては非常に安心できる時間だっただろうと思います。

大堀：送り迎えのときに、「"しゅくだい塾" には何とか毎年参加させたいと思っています」、「本当に助かります」とおっしゃって子どもを連れて帰る保護者の方々もいらっしゃいました。子どもの夏休みの宿題が終わるというのはとてつもなく有難いことだと思ってくださる保護者は多いと感じています。

写真 5-9　大堀和子氏

"しゅくだい塾"が終了するときには終わりの会を行い、「あなたは何時間頑張りました」と記した修了証という賞状を子どもたちに渡しています。学生さんと子どもが円になり、「小学校何年生の誰々さん」といった感じでひとりずつ子どもの名前を呼んで修了証を渡すわけです。子どもたちは嬉しそうに、「やったー」と言って修了証をしっかり両手で受け取ります。たまたまなのかもしれませんが、少し早めにお迎えに来てそういう子どもたちの姿を見る保護者の数は年々増えていると個人的には感じています。

　"しゅくだい塾"の勉強が始まる様子を目にした保護者が、「こんなに静かに勉強しているんですね」とあしなが育英会のスタッフに話す姿もありましたので、保護者もあまり見たことのない姿というのを子どもたちは見せてくれたのではないかと思います。

若宮：石巻で、"しゅくだい塾"の時間に、保護者がレインボーハウスの2階に集まるという取り組みをしたこともありましたね。

加藤：南三陸でもちょっとした保護者プログラムを行いました。

若宮：それに参加するかしないかは、保護者に選択していただいたと思います。そういう場所で自分も過ごしたいと思った保護者が集まっていたと思うので、参加した保護者にとっても安心できる場であり、時間になっていたと思います。

⑥震災遺児・孤児に必要な今後の支援
経済面や教育面での支援の他、"しゅくだい塾"のように、震災遺児・孤児が多様な人と関わり、成長していく場を継続して提供することも重要。支援の情報を広く届けることも大事。

加藤：震災遺児・孤児にとって、これから必要とされる支援はどのようなものかお考えを聞かせてください。

千葉：参加してくれる子どもたちがだんだんと低年齢化してきました。まだまだ低学年のお子さんもいるわけですから、**成長に伴った支援**があると良いのではないかと感じています。

登坂：1つ目は、**経済的な支援の必要性**です。震災遺児・孤児であるが故にできないことがあるというのは今後も絶対にあってはならないと思います。

2つ目は、**学力面での支援の必要性**です。保護者はご家庭で教えることができなくてどうしたらいいか分からない、必ず塾に行けるわけでもないという状況の中で、様々な年齢層の子どもたちが互いに関わることができて、のびのびと勉強できるという場が定期的に設けられるということは、子どもたちの成長のためには大変良いことではないかと思っています。

3つ目は、**子どもたちの居場所作り**です。子どもたちには様々な年齢の大人と触れ合ってほしいし、また家庭以外の居場所も持っていてほしいと考えます。震災遺児・孤児に限らず、自分が逃げられる場所もあれば、考えることができる場所もあるといったふうに、いろいろな居場所があるといいと思います。あしなが育英会さんもそうですが、そういった場所は、震災遺児・孤児にとっては欠かせない、大事な場所であろうと思います。

久野：私自身、"しゅくだい塾"は、子どもたちの居場所のひとつになっていたと感じていますし、同じような形で継続するのは難しいかもしれませんが、そういう居場所はあった方がいいと思っています。例えば"しゅくだい塾"に来ていた子どもが高校を卒業して大学生になったり、何らかの進路を選択した後にまた戻って来てくれたりして、彼らが教えたり、そうでなくてもサポートを受けた子どもがまた次の世代に教えたりするという形でずっと続いたら、それは美しいことではないかと思っています。

小川：やはり**続けていくことが、一番大事**だと思いました。"しゅくだい塾"を始めた頃は、保護者から伺っていた勉強の内容と当日子どもが持ってくるものが全く違うことがありました。皆、毎回、「ビックリ箱」状態でした。中には、読書感想文を書くと言っていたのに、本を持って来ておらず、「どうやって書くの？」という状態の子どももいました。

回数を重ねていくと、彼らも「勉強する場所だからこれを持って行こう」となり、自分できちんと勉強するものを持ってきて取り組めるようになりました。岩手県の沿岸部は、大学もそうですが、高校に進学する時点で内陸部に引っ越さざるを得ない子どもたちもいるので、外に飛び出していく力、いろいろな人との関わりの中から学ぶ力も大事だと感じています。

　また、"しゅくだい塾"は、子どもたちがチャレンジできる場、いろんな人と会える場、学びの場であると同時に、**保護者を後押しするようなサポートもできれば良かった**とも思いました。陸前高田は送迎くらいしか保護者と関わることがなく、書面を通して学習の成果を報告し合うような形しかとれませんでした。ですが、登坂さんがやっていたように、「ここまで頑張ったので、家ではこのように続けていきましょうか」という感じで、"しゅくだい塾"の取り組みが家庭学習の中でも続いていくような手助けができれば良かったと思いますし、それができれば、保護者が子どもの背中を押してあげるためのサポートになったのではないかと感じています。

加藤：夏休みの一時期に保護者がひと息つけるというだけでなく、子どもたちが"しゅくだい塾"でやってきたことをそれぞれのご家庭に持ち帰ることで、親子間のつなぎの役割をもう少しやれると良いということですね。

若宮：石巻の場合は"しゅくだい塾"に参加した子どもの2割ぐらいは、初めてレインボーハウスに来た、つまり"しゅくだい塾"に参加するために来てくれた子どもたちでした。その2割の子どもたちが2回目、3回目の参加につながらない難しさがありました。そのようなことは、"しゅくだい塾"だけに限りませんが。

　それから、今は少し人数が減ってきましたが、当時、石巻地域の小学生、中学生、高校生の世代はおそらく200人から300人ほどいたかと思います。ですが、"しゅくだい塾"の案内を送っても、その1割も来ませんでした。"しゅくだい塾"に限らずレインボーハウスの活動全てに

関して、一部にしか必要な情報が届いていなかったのではないかと思います。**もう少し広く支援を届けられることができたら良かったのではな**いかというのが、私個人の振り返りでもあり、反省でもあります。

大堀：小川さんがおっしゃったように、「継続する」とか「同じようにあり続ける場である」といったことが大事だと思います。震災後8年目になって、「震災子ども支援室の活動、まだ来年もやりますか？」といった感じで心配して下さる方もありますが、"しゅくだい塾"の活動だけではなく、支援の在り方を大きく見ても、「震災後10年間は活動し続けますよ」、「相談員が必ずいますよ」というふうに、**継続することが**とても大事だと感じています。ただ、そういったメッセージを掴める人と掴めない人がいますので、**掴めない人に対するアプローチは工夫が必要**だと思います。どういった工夫をすればよいかについては、今すぐにはアイデアが出て来ないのですが…。

登坂：年に1回開催する中で、「背が伸びた」とか、「これもできるようになった」といったふうに、成長の様子が見えるのは嬉しいものです。振り返ると、第1回目の活動の土台作りが重要だったと思います。最初の頃は、たくさんの試行錯誤や工夫をしました。それが引き継がれていくこと、またこのように振り返って記録することの意義は、初回から参加していたからこそ感じられる部分があると思っています。

加藤：本日は皆様、貴重なコメントをいただき、ありがとうございました。

4. "しゅくだい塾" を振り返って

　2015年度から2019年度の5年間で15回の "しゅくだい塾" が行われた。2018年度と2019年度には、参加してくれた子どもたちと保護者にアンケートを行った（計4回）。この結果から子どもたちと保護者にとって "しゅくだい塾" とは何であったのかを考えてみたい。

　アンケートの回収率は、いずれも6割を超えた。回答した保護者の性

別は、女性が多く、保護者の年代は、40代が最も多かった。"しゅくだい塾"への参加回数は、3回以上が最も多く、毎回参加する子どもたちが複数いた。一方であしなが育英会の他のイベントと組み合わせて行われた回には、はじめての参加者が数名おり、通常の開催とは異なる形態にすることで参加者の幅が広がっていたことがわかった。あしなが育英会のレインボーハウスのイベントに常日頃から参加している子どもの参加が多く、子どもたちにとってレインボーハウスという場所やそこにいるスタッフとのつながりが重要であることがうかがえる。

　保護者が子どもを参加させた理由を複数回答で尋ねた結果を図5-1に示す。9割以上の保護者が「勉強をみてもらえるから」という学習支援を重視していることは当然であるが、8割以上の保護者が「大学生と交流させたかった」を理由として支持したことは興味深い。大学生との交流への期待は、座談会の中でも話題に挙がったように、日常生活の中で大学生と出会う機会が少ないことが背景にあると考えられる。子どもたちが、保護者より年齢の近い大学生から将来についての刺激を受けることを期待した結果ではないかと思われる。

　子どもの参加理由を図5-2に示す。「おとなのひとに言われたから」

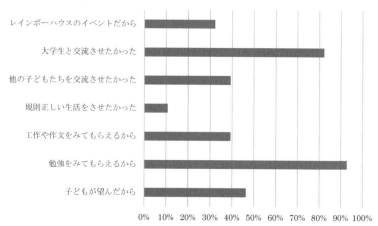

図5-1　参加理由－保護者（複数回答可）

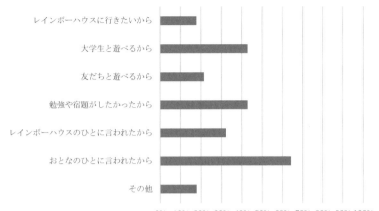

図 5-2　参加理由－子ども（複数回答可）

が 6 割を超えて最も多い。次いで「勉強や宿題がしたいから」と「大学生と遊べるから」という理由が 4 割以上と高く、子どもにおいても、学習支援と同じく、大学生との交流が非常に重要であったことがわかる。

　次に保護者からみた "しゅくだい塾" 後の子どもたちの様子についてと "しゅくだい塾" 全体に対する保護者と子ども双方の意見・感想を見ていきたい。いずれも自由記述で回答をもとめた。

＜"しゅくだい塾" の子どもたちの様子＞
・「すごく理解できたと嬉しそうでした」
・「ほめられてとても嬉しそうに話してくれました」
・「子どもの表情から達成感が感じられました」
・「（達成）シールを沢山もらって、私に自慢してきました」
・「大学生のお兄さん、お姉さん、一緒に参加した子どもたちとの交流は良い刺激になったようです」
・「お兄ちゃんができた気持ちになったようです」
・「（子どもが）目を覚ますのもパッと早かったです」
・「あんなに楽しそうな様子は久しぶりに見た気がしました」

- 「こどもの意欲ある姿に、私も安心しました」

　子どもたちは、学習を通じての喜びや達成感だけでなく、普段接触の少ない大学生との交流を楽しんだ様子であった。また保護者にとっても普段とは違う子どもの一面を見る機会となった。

＜"しゅくだい塾"に対する意見・感想（大人）＞

- 「私ではさっぱり教えてあげることもできず…」
- 「質問されても返答に困る場合があります」
- 「家の中ではなかなか教えたりできないので助かります」
- 「学校や塾の先生が忙しそうで聞けないことも時々あるそうです」
- 「できればもう少しやっていただけると助かります」
- 「日程を増やして、勉強内容を充実させてほしい」
- 「今後もしゅくだい塾を続けてほしい」
- 「来年も参加させたい」

　保護者の意見・感想（自由記述）からは、家庭内での学習支援の難しさや学校、塾、家庭だけでなく様々な学習機会があることの重要性がうかがえた。また"しゅくだい塾"への期待は大きく、活動の継続や参加を望む声が寄せられた。

＜"しゅくだい塾"に対する意見・感想（子ども）＞

- 「分からないところを丁寧に教えていただいたので分かるようになりました」
- 「わからないところやあまり理解できていなかった社会の問題など、分かりやすく教えてくれてありがとうございました。おかげで、今度の勉強、社会の勉強がとても楽しくて面白いです」
- 「大学生の人たちと遊んだりしてよかったです」
- 「きゅうけい時間に大学生のお兄さんだちといっぱいあそんで楽しかったので、来年も同じお兄さんだったらうれしいです」
- 「わらいっぱなしで、しゅくだい塾に来て本当によかったと思ってい

ます」
- 「また勉強を教えてもらいたいです」
- 「次のしゅくだい塾にきたいです」

　子どもたちの意見・感想（自由記述）では、分からないことが分かった喜び、分かることの楽しさが書かれていた。また大学生との交流が非常に充実したものであったことがうかがえる。子どもたちも継続して "しゅくだい塾" に参加することに意欲的であった。

　以上のことから、保護者と子どもたちにとって "しゅくだい塾" は、第一に学習支援を受ける場という本来の趣旨での効果があった。子どもたちは学習支援を通じて、日頃の勉強の分からなさを解消したり、分かることの楽しさを実感したり、達成感や自信を感じていた。第二に、学習支援と同様に大学生との交流が重要な意味を持っていたことも確認された。子どもたちにとって大学生との交流は、純粋に楽しいということにとどまらない。日ごろ接することの少ない大学生と交流することは、大学生活という新しい世界を知る、お兄さん・お姉さんと接することで普段の自分の立ち位置とは異なる立場で人と接する、たまに会う大学生に成長を認めてもらうなど様々な体験を子どもたちにもたらしていた。

　一方、講師役として参加した大学生にとっても "しゅくだい塾" は、多くの学びや経験を提供していた。2017 年度〜 2018 年度の 6 回の "しゅくだい塾" に講師役として参加した大学生にアンケート調査を行った（一條・加藤，2018）。その結果、「わかる指導と知識が定着するまで教え込む指導の違いを感じた」、「実践、専門をどう活かすか、考えるきっかけとなった」など教育や心理が専門の学生にとっては、これまでの知識や関心領域と実際を照らし合わせるような実践の場になっていた。また、「自分がしたいことは何なのか考えさせられた」、「やりがいを感じる。自分の専門分野には当てはまらないが、困っている人、社会的弱者の味方になるような仕事、ボランティアをやりたい」、「教職の仕事を選ぶことに対して少し好意的になった」など "しゅくだい塾" での経験は将来展望に影響を与えていた。

このように"しゅくだい塾"は、保護者と子どもたちには学習支援と
大学生との交流の場であり、大学生には学問と実践をつなぐ場となるだ
けでなく、様々な経験を通じて自身の適性や将来について考える場でも
あった。"しゅくだい塾"は、里親サロンを通じて把握されたニーズを
背景に、あしなが育英会と連携しながら、震災子ども支援室が大学内に
あるという利点を活かして実施に至った活動であった。このような条件
が幸運にも重なったことで、「学校でも、家庭でも、塾でもない学習支
援と交流の場」を作ることができた。

参考文献・資料
一條玲香・加藤道代（2018）．震災遺児・孤児への学習支援を通した学
　　生の学びに関する研究　東北心理学研究，68，51

<支援者支援事業>

第6章　支援者へのストレスマネジメント支援と研修支援

1. あしなが育英会東北事務所スタッフに向けたストレスマネジメント支援

　あしなが育英会東北事務所による震災支援は、被災地に拠点をおき、震災遺児やその家族を長期にわたって支えていく活動である。家族や自宅、大事なものを喪失した遺児家庭に寄り添い、出会いと交流を深めていく支援を継続するということは、決して容易いことではない。職員にとっては根気と熱意、気力と労力が求められる一方で、日々抱える精神的負担の重さも配慮する必要がある。特に新人として加入するスタッフへの負担が心配されていた。

　そのような状況の中、震災子ども支援室は、あしなが育英会東北事務所より、職員の心理的ケアをお願いしたいという協力依頼を受けた。そこで、2012年5月より、震災子ども支援室は、支援者支援（後方支援）の位置づけで、室員（心理士、保健師）を派遣し、あしなが育英会東北事務所スタッフのストレスマネジメントを行うこととなった。

　実施内容は、「この1か月の振り返り」「食事と睡眠について」「休日の過ごし方について」などのテーマを設けた話し合い、「筋膜ケア」を使った身体へのアプローチ、コラージュ[11]、描画を用いたグループワークなどの他、随時、個別相談対応を加えている。全体として、心身の疲労やセルフケアスキル促進への対応が主な内容であった。

　こうして、生活の振り返りを通じて促される気づきやストレスマネジメントの実践を重ね、支援スタッフが、初期の混乱から少しずつそれぞ

---

[11] 雑誌やチラシなどの絵や文字、写真を切り抜いて、台紙に張り付けて作品を作る方法。

れのペースで日々を過ごすことができるように背後から見守る役割を震災子ども支援室は担った。長く継続する中で、次第にスタッフの落ち着きが感じられるようになり、各々のスタッフが支援業務のために参加を見合わす回もみられるようになったことから、初期の目的は達成されたものと考えられた。そこで、震災子ども支援室は、この取り組みを2015年3月をもって終了することとした。

2. みちのく未来基金スタッフに向けた震災支援研修支援

みちのく未来基金は、東日本大震災で親をなくした子どもたちの高校卒業後の進学を支援する団体である。震災遺児・孤児（震災当時妊娠中の子どもや関連死を含む）の全ての子どもが大学等を卒業するまで継続して学費支援を行うことを掲げ、毎年多くの子どもたちに、専門学校や短大、大学へ進学するための支援を続けている。

みちのく未来基金がこの活動を行うにあたっては、学校訪問による震災遺児、孤児を対象とした基金の説明および支援に導くための面談、および給付期間を通じた定期面接が欠かせない。地元を離れてひとり暮らしが始まる給付生も多いため、日常生活を順調に送っているかどうかを気遣いながら、親身で丁寧な面談を行う。その他にも、日頃からさまざまな相談を受けることで、身近な相談相手としてきめ細やかな配慮を行っている。

みちのく未来基金のスタッフは、東日本大震災の直接体験や心理臨床的支援の経験をもたないことから、震災遺児・孤児である給付生に対応するための注意や面談スキルを学びたいという依頼が震災子ども支援室に寄せられた。この依頼を受け、震災子ども支援室は、2014年より、年に1度、「基本的なかかわりの姿勢と技法」というテーマで研修を担うこととなった（2014年〜2019年まで年1回実施、2020年は新型コロナウイルス感染防止対策のため、過去の研修の録画視聴で代替）。

みちのく未来基金のスタッフは10名程度であるが、そのうち一定数

は毎年交替があるため、最初期は、基本的な面接技法を説明し、ロールプレイ[12]で確認をする手法をとった。また、面接シートの作成、鍵となる質問事項や派生する質問の流れ、質問時の配慮等を伝えた。

　固定スタッフが見られるようになってきた後半は、面接シートに基づいたロールプレイの他、前年度の面接で困難だった点の整理、新スタッフの不安や心配への対処など、より具体的、実際的な研修内容となっていった。

　研修以外では、みちのく未来基金スタッフによる給付生への対応について相談を受け検討するスーパービジョンや、給付生自身の電話相談、カウンセリングにも携わった。

ストレスマネジメント支援に従事して

　　　　　　震災子ども支援室　相談員（保健師・看護師）　押野　晶子

　震災が発生し混乱状態のなか、東北にいち早く事務所を立ち上げ、遺児孤児支援に当たってきたあしなが育英会東北事務所が支援活動に従事してきた困難さは想像を超えるものがあったのではないか。そのため、新たに東北で従事する職員を大切にしたいという思いから、ストレスマネジメント支援が開始された。
　ストレスマネジメント支援に従事して効果的だったと感じたことは、心理士と保健師がそれぞれの分野を生かしプログラムを作成し、心身の両面からのアプローチができたことだと考える。心と体は一体のものであり、双方が整うことでストレスに対するよりよいコントロールにつながると思われる。このプログラムを通してそのことが再確認できた。身体面へのアプローチは筋膜ケアや呼吸法を取り入れ、体をほぐしたり、整えることで自分の体の状態に気づくことができる。またグループワークや話しあいを行うことで、自分の気持ちの振り返りができ、そこでも色々な気づきが生まれる。このことは今現在の自分の心身の状態を俯瞰し、現状に気が付くことで、自分に必要な対応を考えることができるようになる。これらのことは個人のストレスマネジメントのスキルアップにつながるのではないかと思われる。また個人のスキルを上げることは重要であるが、組織としてストレスマネジメントを継続的に実施しケアしていくことも、これからの組織には大切なことになってくるのではないかと感じた。学びの多い2年間の支援者支援であった。

---

[12] 面接者と被面接者の役割などに分かれて、それぞれの役割を演じて疑似体験をすること。

3. 子どもへの支援者・団体に向けた研修支援

　既に述べたように、震災子ども支援室は、子どもを直接的に支えるだけではなく、その子どもの成長に関わる"大人"を支える必要があると考えてきた。したがって、震災子ども支援室が考える"支援者支援"とは、必ずしもあしなが育英会東北事務所やみちのく未来基金のような、震災支援活動団体への支援だけではない。保育士、教師、地域や行政において親子や家族に関わる担当者もまた、子どものための大事な支援者として、後方から支える必要がある。日常生活で子どもを支えている人たちが安心して自分の役割を果たすことができれば、子どももまた安心し、安定した日常に近づくことができる。

　しかし、子どもを守り支えるべき大人にとっても、突然に起こった未曾有の自然災害は、何もかもが想定外であり、現実としても受け止め難い出来事であった。あまりにも大きな出来事が、今あるいはこれから、子どものこころにどのような影響を与えるのか、子どもの姿や症状、言動をどう理解し、どう対応すればよいのか。子どもの支援にあたる多くの大人たちが、震災後の子どもについてもっと知りたいと切実に願っていた。

　震災から5、6年ほどの間、震災子ども支援室には研修講師の依頼が数多く寄せられた。その対象は、保育士、保健師、児童委員、民生委員、教師、養護教諭、臨床心理士、看護師、行政職など、幅広い立場、職種に及んだ。

　知識や技能、体験をもつ参加者の方々は、震災後の日常において、自分が何もできていないと感じていることが多かった。圧倒的な出来事を前にして、子どもを守る責任の重さや自分の力の及ばない無力感を抱えていたのかもしれない。ところが、講師として研修の場に身をおくとまもなく、その場のもつ力の大きさに気づいた。知識の伝達という研修の意味よりも、未だ日常生活の戻らない被災地で、子どもたちのために働く役割や専門職として集まっているということ自体が、参加者の方々に

力を与えていることがわかったのである。子どもたちのために"私"ができることを考えなければならない孤立感や無力感から、同業種の仲間とともに集まることによって、"私たち"ができることの力強さを蘇らせてくれるような空気があった。自分が震災前からやってきたこと、自分の立場から必要だと思うこと、その中で今できること…。参加者の気づきは、自然と動き出すように思われた。研修当時に感じたことを、振り返って名付けるなら、それこそが"職業意識"だったのだろう。講師として行ったのは、生きていてくれたことやこうして集まってくれたことに感謝すること、震災後の日々をねぎらうこと、そして、その方々が既に行っていることがいかに意味のあることなのかをとりあげることが中心となった。

　所謂、支援者支援という枠組みからは少し外れるかもしれないが、震災子ども支援室は、子どもを養育する人たちも、子どもにとっての支援者と考えている。震災後に行われた保護者対象の講演会、ワークショップなども、新たな知識や方法を伝える場としてというよりは、大人の世界の事情を抱えながらも子どもの日常を支える保護者という「専門家」のご苦労をねぎらい、できていることを励まし、上手くいかないことに耳を傾ける姿勢を心がけた。

第7章　会議・事業運営協力「南三陸町子ども支援連絡調整会議」

1. 南三陸町子ども支援連絡調整会議開催の経緯

　南三陸町子ども支援連絡調整会議の発端は、保健福祉課健康増進係の保健師との会話であった。保健師が「町内の学校は、緊急支援の派遣スクールカウンセラーも入っていて、それぞれがそれぞれに何とか頑張ってやってくれている。ただ、まだ町全体としての子どもの姿が見えてこない」と語ったのである。

　子どもの保健福祉行政は、乳幼児期から就学までは、母子保健法、児童福祉法に基づいて厚生労働省が所管している。就学後になると、学校保健法に基づき文部科学省の所管となる。近年、子どもを取り巻く問題状況の複雑化を背景として、全国的には、地域保健と学校保健が情報を共有し、学校と地域や家庭との連携を密にした連携に関するモデル事業等も見られるが、その体制は未だ十分とは言えない。

　大震災の甚大な被害の後、保健福祉と学校保健が「それぞれに何とかやっている」こと自体が精一杯な時期にあった。そのような中であっても、境目なく、切れ目なく、町住民の心身の健康に携わろうとする自治体保健師だからこそ、もう一歩先へ向けて、「町全体としての子どもの姿」を捉えたいという言葉となったのだと感じた。

　保健師が学校内の子どもたちの姿を把握するには、町の保健師と学校で子どもの健康を預かる養護教諭が集まって話し合う会議があればよいのではないか。そこで、保健師とともに南三陸町教育委員会教育長にお会いして、会議の趣旨を伝え、各学校の養護教諭に出席していただくことが可能かを相談した。当時の教育長はこの案にその場で賛同の上、校長会を通じて養護教諭派遣を促進して下さることとなった。こうして2012年10月、第1回目の南三陸町子ども支援連絡調整会議が開催された。

当初より、会議の主体は町の保健福祉課であると考えていた。震災子ども支援室は、南三陸町保健福祉課への後方支援およびアドバイザーの立場をとった。具体的には、事前アンケートの作成、集計と整理、当日資料の作成、会議での示唆および助言、議事録のまとめなど、震災子ども支援室が事務的な作業を担うことで、多忙な保健師の職務を支えようと考えた。

会議には、当初想定していた小・中・高等学校の養護教諭だけでなく、保育所、幼稚園、子育て支援施設の代表も加わって下さった。このことにより、親が母子手帳を手にする妊娠時から乳幼児期までは保健福祉課や子育て支援センター、就園後は保育所や幼稚園、子ども園、入学後は小中高等学校と、各現場から見える子どもたちの姿やその時々の問題を寄せ合うことが可能となった。町全体の子どもの姿を全体で共有し、今後起きうる問題に対して予防対策的なネットワークを構築する会議を目指すこととなった。

表7-1　会議開催日程と会議までの主な出来事

会議回数	実施日	参加団体数	震災からの経過年月	学校及び復興に関する主な出来事
第1回	2012.10.17	17	1年7か月	戸倉小・中が志津川小・中を間借り（2012.4月）
第2回	2013.1.30	14	1年10か月	
第3回	2013.7.24	18	2年4か月	
第4回	2014.11.5	16	3年8か月	災害公営住宅入居開始①（2014.8月）
第5回	2015.8.18	14	4年5か月	災害公営住宅入居開始②（2015.2月） 戸倉中学校廃校⇒統合（2015.3.4月）
第6回	2017.1.30	18	5年10か月	戸倉小学校落成式（2015.10月） 南三陸病院・総合ケアセンター南三陸開 （2015.12月）災害公営住宅入居開始③④ （2016.2.3月）
第7回	2018.1.31	16	6年10か月	災害公営住宅整備事業完了（2017.3月） 役場新庁舎開庁（2017.9月）
第8回	2018.8.1	16	7年5か月	仮設住宅完全撤去（2018.3月）
第9回	2019.1.31	16	7年10か月	
第10回	2019.8.1	16	8年5か月	生涯学習センターオープン（2019.4月）
第11回	2020.1.29	15	8年10か月	

　2012 年 10 月に仮設のプレハブ会議室から始まった南三陸町子ども支援連絡調整会議は、2017 年度から新庁舎の会議室に場を変えて、2019年度までに計 11 回実施された（**表 7-1**）。震災子ども支援室閉室の後も、南三陸町保健福祉課による連絡会議として継続していくことになっている。

2.　会議の実際

　会議では、各部署から見えてくるその時々の子どもたちの姿、子どもや家庭をめぐる状況と課題の報告がなされ、全体で共有が行われた。例えば、会議が始まった初期の頃には、避難所や仮設住宅での家庭の様子、子どもたちの遊び場や運動する場が少ないこと、子どもたちのストレス反応や身体的健康、教職員の疲れなどが話題となった。会議の参加者たちからは、子どもたちが表面的には落ち着いているように見えるとしても、それは、まだ問題が見えていないのか、様々な取り組みの中で解消されているのかがよく分からないという思いが語られ、校種を超えた連携や引き継ぎ、そして卒業後のケアを大事にして見守っていきたいということが確認された。また、震災からの時間は経過しても、どこかに被災の視点を持って話を聞く姿勢が大切であることが共有された。
　その後の会議では、公営住宅への転居や住宅再建への動きに伴う家庭の様子、住民の転出入、子どもの心理的・身体的健康などが話題となった。狭い地域ならではの顔の見える関係が子どもたちの支援に活かせることや、震災を伝えていくことの必要性も共有された。
　さらに時間が経過すると、高台への住居移転が進み、通常の暮らしが戻る中での家庭の様子、バス通学など震災以前はなかった生活様式の日常化、震災当時の中高生が親世代になってくることのほか、引き続き、子どもの心理的・身体的健康、生活習慣などが話題となった。様々なことが震災前の状態に戻っていく中で、震災の視点を忘れないと同時に、震災以外の視点で見直してみることの重要性も指摘された。また、子ど

表 7-2　保健福祉課と参加団体における動き

第 1 回	震災子ども支援室が事前アンケートと事後アンケートを実施した。
第 2 回	町の相談体制について情報提供が行われた。 震災子ども支援室が事前アンケートと事後アンケートを実施した。
第 3 回	ライフステージごとの保健事業に震災対応を加えた保健事業計画と応急仮設、民賃住宅、在宅の健康調査結果が示された。
第 4 回	乳幼児健診における歯科検診結果が示された。
第 5 回	保健師の発案で「心と体のセルフケア」の研修が実施された。
第 6 回	南三陸町内の病院スタッフにより、小児科や婦人科の診療体制等について情報提供が行われた。
第 7 回	乳幼児健診における食の現状が示された。
第 8 回	平成 25 年度から実施してきたフッ化物洗口について知りたいことや研修会の実施について出席者への意見聴取が行われた。
第 9 回	フッ化物洗口を行っている小学校の養護教諭が映像を用いて実際の様子を説明した。これを受けて、中学校での実施の検討と実施に向けた具体的な準備の確認がなされた。
第 10 回	南三陸町内の病院スタッフにより、最近の子どもたちのケガの特徴について情報提供が行われた。また、町の保健師を学校保健委員会に招き、南三陸町の子どもの健康について講話が行われたことが報告された。

もの生活習慣の問題を通して、子どもたちだけでなく家庭や地域全体への働きかけが非常に重要であることが共有された。

　会議ではこのような課題の共有に加えて、保健福祉課から町の状況に関する報告や課題に応える研修が実施されたほか、その時点での課題に応じたゲスト講師が参加することもあった。各会議における保健福祉課と参加団体の動きについては、**表 7-2** にまとめた（子どもの姿、子どもを取り巻く環境など、現状についての情報交換は毎回行われた。**表 7-2** はそれ以外で会議ごとにとりあげられたトピックをまとめている）。

3.　会議を振り返って

　会議は、東日本大震災により甚大な被害を受けた町が子どもたちへの影響を案じ、保健福祉と学校保健の枠を超えて、「今、子どもたちに起こっていること」を横の連携ラインで共有するとともに、乳児から大人

まで様々な世代に関わる人々が一堂に会することで縦の連携ラインで子どもたちを見守っていこうという思いから始まった。

　毎回の会議では、子どもたちを取り巻く環境や子どもたちの様子が報告され、支援の方向性や視点が全体で確認、共有された。取り上げられる内容は、必ずしも震災に関連したことだけではない。インフルエンザ対策、熱中症対策、SNS 対応策（生活時間）、食育など、子どもたちの健康促進のために必要な様々なトピックが、随時、各現場から出され、全体で共有された。

　また会議出席者は、乳児から大人（保護者・家族）までの様々な世代に関わる支援者であるため、乳幼児に起こっていることは、その子どもたちの成長とともに、いずれは児童、生徒の問題となりうることとして共有することができた。例えば、乳幼児期の運動量、体力づくり、食生活がどのような状態であるかを知ることで、今後、学校に上がってくる子どもたちの支援や教育に活かされる。これまで支援をしてきた世代の子どもたちの卒業後のケアを心配する声が挙がれば、その声を町が受け止め、生涯支援という観点で支援を考える。年月が経って、震災当時の中高生が親となり子育てを始めれば、支援の手は、再び学校保健から地域保健（母子保健）に受け渡される。そして、いずれは小学生の保護者として関わりを持つようになるだろうということが共有されることとなる。このように、会議の中では「現在起きていること」だけでなく、縦の連携ラインで情報を共有することが可能となっていた。

　保健福祉課と参加団体の動きに着目すると、時間が経つにつれて、保健福祉課が文字通り主体となって会議が構成されるようになっていったことがわかる。町の事業を全体で共有したり、ゲスト講師が招かれたり、町で行った調査結果が共有されたりと、保健福祉課が会議を活用して情報交換や共通意識の確認を行うことが増えていった。2017 年第 6 回ごろからは、会議の中で出席者が積極的に質問をし合うようになる変化も見られ、出席者にとっても会議における情報交換の重要性が増していることがうかがえた。第 9 回の会議では、出席者の教員が勤務校での

フッ化物洗口の取り組みを紹介し、保健福祉課がその場で意見聴取を行うといった展開が見られ、第10回では町の保健師が出席者の勤務校に出向いて講話を行ったことが報告されるなど、回を重ねるごとに出席者同士の「顔の見える関係」が構築され、積極的な協働が促進されているのを実感する。

　震災をきっかけとして始まった「南三陸町子ども支援連絡調整会議」は、地域保健と学校保健の垣根を越えて「町全体としての子どもの姿」を共有し、町全体の健康増進に向けた協働関係を醸成する場として活用された。

参考文献・資料

震災子ども支援室（2020）．南三陸町子ども支援連絡調整会議のまとめ　東北大学大学院教育学研究科

第8章 心理士派遣

1. 目的と概要

①復興とともに退却する派遣専門職への代行支援という視点

　東日本大震災前、宮城県内の母子保健事業における心理士の参入と従事は、自治体ごとにばらつきがあった。震災後、自治体への緊急支援により、心理士が乳幼児健診等に携わることになった。しかし、この支援は一時的なものであり、復興とともに一時的な心理士配置がなくなり、震災前の状況に戻っていく自治体も散見された。

　震災から時間がたてば、母子保健で出会う乳幼児は震災を知らない世代となっていく。しかし、子育てを行う保護者は、震災を経験した方々である。特に子育て初期は、時間的にも空間的にも拘束されることが多く、親として子どもに関わる役割負担も重いストレスフルな時期である。

　震災子ども支援室は、震災で大切な人やものを失ったことで生きづらさを感じている子ども、その子どもを育てる周囲の大人たちを視野に入れてきた。子どもの心理的な安定のためには、子どもの身近に存在する大人も含めて支える必要があると考えて活動してきた。したがって、子どもたちへの支援が、時間とともに、当時の子どもが親になった時の子育て支援に移行することは自然な発想であった。乳幼児健診は、地域が子どもの発達、親子の関係や子育ての様子、成育環境等を確認できる非常に優れた仕組みである。乳幼児健診で心理士を活用していただくこと、その他にも、発達相談、保育所巡回発達支援、保護者カウンセリング等を通じて子育てへのお手伝いが行えればと考えた。

　自治体の保健福祉担当の保健師にこの事業案を説明し、自治体からの依頼を受けて心理士派遣事業が実現したのは2018年である。震災子ど

も支援室の閉室まであと3年という時であったが、自治体の保健師から
は、「3年間でもありがたい。その間に、私たちが学ぶことができる」
と言って頂いた。また、開始した1年後、「今後は、町として予算化し、
事業化したいと思う」と心強い言葉を寄せてくれた自治体もあった。

　一方、震災から時間が経つにつれて、目の前の課題が震災の影響なの
かどうかが明確ではなくなっていることも感じていた。しかし、被災地
に日常が戻ってくれば、それは当然のことである。震災後の時間経過の
中では、単に震災により多大な影響を受けた被災地という視点だけでは
なく、日常的に生じる問題をこなしながら復興に向かおうとするコミュ
ニティであるという視点をもって、その日常を丁寧に支える必要があ
る。現在の問題が震災由来の問題であるかどうかにとらわれず、総合的
に今の問題や通常業務を支えていく支援に意味があると考えていた。こ
のような方針に添って、心理士派遣は、震災後の心のケアという位置づ
けではなく、乳幼児発達支援と保護者、保育者支援として継続された。

　この活動のひとつとして、震災子ども支援室は、宮城県七ヶ浜町の要
望を受けて、町内の幼児教育、保育担当者および保健・福祉担当職員等
を対象に、子どもの問題行動の理解と対応に関する研修会を実施した。
そしてその研修会の模様を伝える報告書を作成し、仙台市、宮城県内の
保育、幼稚園教育、子育て支援に関わる方々に向けて配布した。組織内
の研修や個々の学習利用としても好評で、追加で要望される保育所、幼
稚園が相次いだ。

②災害直後における「通常業務支援」のための専門職派遣という視点

　心理士派遣が順調に継続されていた2019年10月、台風19号が関東、
東北地方を中心に猛威を振るい、その前後の大雨とも重複して宮城県内
にも多大な被害をもたらすこととなった。"S-チル"の閉室は1年半後
に迫っていたが、既に実績のある心理士派遣の提供を自治体に申し出た
ところ、早々に、宮城県大郷町より心理士と保健師の派遣依頼があっ
た。そこで町の要望に応じて、2歳児健診と3歳児健診、発達相談、子

ども園巡回相談への心理士と、乳児健診、1歳半健診、2歳児健診、3歳児健診への保健師の派遣体制を整えた。第1回目の派遣は、2019年12月、被災後2ヶ月の時点であった。

　台風19号被害の緊急対応に追われている時期に、震災子ども支援室から提案したこの派遣事業は、「母子保健事業の通常業務のマンパワーを補充するための専門職派遣」という内容である。先の南三陸町、七ヶ浜町、山元町への派遣は、震災により一時的に緊急配置された心理士が復興とともに措置終了となっていく自治体に対しての補強策であり、既に自治体の体制が落ち着いていた時期の派遣であった。しかし、2019年台風災害後の専門職派遣支援は、災害直後の実施である。何故、災害直後に「通常業務への支援」だったのか。

　災害直後の自治体は、通常業務に加えて緊急の特別業務が重なる。所謂、こころのケアの考え方は、このうち緊急の特別業務への専門的支援を示すことが多い。災害後のこころのケアは、サイコロジカル・ファースト・エイド[13]等のガイドラインが示すように、被災者や被災地の情報収集や数々の配慮とともに支援者自身のセルフケアが重要である。ただし、こころのケアの重要性は繰り返し指摘され、効果が認められる一方で、混乱した被災地に外部から専門家が入ることによる被災地の負担が指摘されることがあるのも事実であった。この点については、①被災地に入る専門家側のノウハウの確立、②被災地側の事前の防災シミュレーション、③両者をつなぐマネジメントという多角的な面からの備えがあることが望ましい。しかし、現実には、被災直後に被災地側の努力を期待することは容易ではない。

　その点「通常業務支援」は、被災地の専門職が災害対応に注力するために割かれるマンパワーを災害対応面で支援するのではなく、日常業務面で背後から支えるものである。外から支援に入る専門職にとっても、特別のスキルではなく、他の自治体で経験済みの役割であるため、支援

---

[13] 災害、大事故などの直後に提供できる、心理的支援のマニュアル。

を名乗り出てくれる協力者が少なくない。特にこころのケアを標榜はしないが、被災後の日常生活レベルで住民のケアを行うものである。災害直後であっても可能な支援スタイルとして、他の支援活動と組み合わせながら実施することもできるだろう。大郷町が素早く支援依頼をしてくれたのも、それに対して素早く対応ができたのも、「通常業務支援」だったことが大きいのではないかと考えられる。

被災地の通常業務における専門職の働きを代行する支援は、こころのケアを主とするサイコロジカル・ファースト・エイドにおける心理士の働きとともに重要であり、被災地が特別の構えを持たなくても受け入れられる有効な災後の支援の一形態と思われる。

2. 運営

心理士派遣のフローチャートを**図 8-1** に示す。心理士派遣は、自治体の母子保健における心理士へのニーズの聞き取りからはじまる（①）。自治体を訪問して、心理士派遣の説明、母子保健の状況や心理士へのニーズの聞き取りを行い、自治体から派遣依頼を受ける（②）。その後、震災子ども支援室が派遣に応じてくれる心理士への事業説明と打診を行

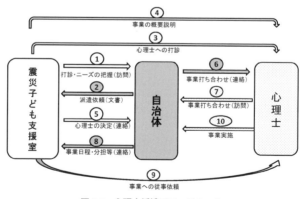

図 8-1　心理士派遣フローチャート

い（③、④）、内諾を得て自治体に心理士決定の連絡を行う（⑤）。心理士の決定を受けて、自治体は派遣される心理士に連絡し（⑥）、自治体と心理士が対面し打ち合わせを行う（⑦）。自治体は打ち合わせでの決定事項を震災子ども支援室に連絡し（⑧）、震災子ども支援室は心理士に事業への従事依頼を出し（⑨）、実際の活動に従事する（⑩）という流れであった。

　心理士が従事する活動は、それぞれの自治体のニーズに合わせて検討した。主な活動は、健診時の心理相談、育児相談、発達相談、保育園・幼稚園等への巡回相談であった。発達相談等に必要な検査用具、折り紙やボール、玩具などは震災子ども支援室で準備した。また巡回相談におけるフロー等（心理士への事前連絡、連絡方法、相談シート、対象人数、観察時間、事後カンファレンス）についても助言を行った。各年度の終わりには、心理士、自治体双方にヒヤリングを実施し、事業の振り返りと次年度に向けた課題を整理した。

　2018 年度から 2019 年度の 2 年間の派遣実績は、1 回の派遣につき 1 名の心理士を派遣し、4 つの自治体で 65 回を数えた。巡回相談における全体観察を除いて、心理士が対応した相談は合計で 211 件であった。

　また被災地域の母子保健、保育・教育、子育て等の底上げを目的として、自治体が行う保健師、保育士、養護教諭、保護者等に向けた研修会をバックアップした。具体的には、自治体が希望する講師を招く際の資金の援助、研修会における参加者アンケートの実施と結果のまとめをおこなった。さらに研修会に参加できなかった方や関連する領域で働く方に向けて、研修会の内容を報告書にまとめ、他地域へも配布を行った。

3. 心理士派遣座談会－被災地の母子保健、子どもたちを支える－

　震災子ども支援室は、東日本大震災発生から 7 年経った 2018 年度に、乳幼児の発達支援と保護者および保育者支援のため、宮城県内の自治体に心理士を派遣する「心理士派遣」を開始した。2020 年 2 月 24 日、こ

れまでの取り組みを振り返ることを目的
として、本座談会を開催した。それぞれ
の活動を振り返るとともに、今後、震災
後の子どもと保護者の心の健康を支援す
る上で必要なことについても意見が交わ
された。

写真 8-1　心理士派遣座談会の様子

■参加者

鎌田 泰葉（かまだ やすは）
　臨床心理士。2018 年度から現在まで、七ヶ浜町の発達相談と巡回相談を担当。

羽柴 郁子（はしば いくこ）
　公認心理師。2018 年度から現在まで、七ヶ浜町の発達相談と巡回相談を担当。

二井 奏子（ふたい あつこ）
　臨床心理士、公認心理師。2018 年度から現在まで、南三陸町の 1 歳 6 か月児健康診査（以下、1 歳半健診）と育児相談を担当。2018 年度には、山元町の育児相談と巡回相談も担当。

持留 健吾（もちどめ けんご）
　臨床心理士、公認心理師。2018 年度から現在まで、南三陸町の 1 歳半健診と育児相談を担当。

■司会

加藤 道代（かとう みちよ）
東北大学大学院教育学研究科教授、震災子ども支援室室長

①心理士派遣は、子どもと保護者、自治体の保健師にどのように活用されたか
心理士派遣事業は、保護者の不安を軽減した。自治体の保健師は心理士

の助言や見立てを得ると同時に、相談対応の技法なども学んだ。町と保護者が子どもについて共通理解を持つ一助ともなった。

加藤：最初に、皆様が各町で実際に関わられた子どもや保護者に、心理士はどのように活用されたか教えてください。

二井：私は、南三陸町では持留さんと分担で、1歳半健診と巡回相談を含む育児相談を、年に5回から7回程度担当しています。

1歳半健診では、お子さんの言葉や発達に関してご心配がある保護者の個別相談に応じます。ご家庭でのお子さんの様子やお母さんにどの程度のサポートが必要かなどのアセスメント[14]をし

写真 8-2　二井奏子氏

て、支援会議で保健師さんなど他の職員の方々に伝えます。具体的な助言に努め、「お母さんが悩むのは当然ですね」と声掛けし、共感することで、「お母さんにホッとしてもらえたら」と思ってやってきましたが、限られた時間なので、「どのぐらいできたかな」と後で考えることもよくあります。私の見立てを支援会議で保健師さんに伝えることで、保健師さんの見立てが膨らんだり、次のサポートに繋げてもらえればと思っています。

育児相談、個別相談は、1、2件程度と少なかったです。町が心理士に求めていることは、「専門機関に繋いだ方が良いかどうか」という見立てだと理解しています。ただ、1回の相談で分かることは限られますし、何かしらはっきりと申し上げることも控えた方がいいと思い、ある程度私の考えをまとめた上で保健師さんと協議する形をとりました。また、「心配なことは相談してもいいんだ」と保護者に思ってもらえる雰囲気作りも心掛けてきました。

持留：事前に保育士さんからお話があったお子さん、またお母さんが健康診査シートの「心配なことがある」という項目に○を付けているお子

---

[14] 支援の方針や今後の見通しを立てるために心理学的視点から被支援者の状態を捉えること

さんを教えていただき、そうしたお子さんの様子を観察しながら自然に関わるようにしています。健診がひと通り終わり、お母さんと保健師さんの相談の後、保健師さんが、「心理士さんもいらっしゃいますので…」と私のところにつなぐという形です。最初は、健診の場所で15分程度の面談をしていました。お母さんがお子さんをあやしながらお話しすることが多かったです。

　1歳半のお子さんを専門機関に繋ぐかどうかという見極めは、本当に微妙です。わずかな期間で急に言葉がたくさん出始めることもありますので、「将来的には専門機関に繋げた方がいいのかな」と思うときは、1歳半であることも考慮し、「町で、皆で見ていきましょう」、「フォローアップさせて下さいね」、「必要な場合は、専門機関などもありますから」とお伝えし、**お母さんの不安な気持ちを軽くするように気を付けました**。

　保護者自身の相談もあります。不安、迷い、愚痴などを聞くことで気持ちを楽にしてもらい、保護者としての自信を持っていただければと思いながら対応しました。

　保護者との相談対応に同席する保健師さんからは、「**話の聞き方や質問の仕方など、カウンセリング的な技法の勉強になりました**」と言っていただいたことがあり、そういう点でも貢献できたのではないかと思います。

加藤：お母さんの相談に対応するだけでなく、やり取りを見ている保健師さんも学ぶことができ、保健師さんとお母さんのやり取りにも役立ったかもしれないということですね。

持留：私には心理士としての見方があり、保健師さんには保健師さんの見方があります。**それぞれの専門的な視点から見たことの相違点や共通点を、支援会議で再確認できることも、意味のあること**だったと思っています。

鎌田：私は七ヶ浜町で、巡回相談を年6回、発達相談は、年に3回から5回ほど個別に対応してきました。発達相談は、年齢的には年中、年長

で、巡回相談からつながるお子さんが多く、乳幼
児健診が相談のきっかけとなるお子さんは数人
程度でした。

写真 8-3　鎌田泰葉氏

　私たちが町から求められていることは、就学を
見据えた専門機関への繋ぎの見極めや、幼稚園や
保育所の対応への助言です。やはり難しいのは、
就学を見据えての見立てです。巡回相談は各園年
に 2 回でしたので、お子さんの様子は複数回観察できるのですが、保護
者とお会いするのは発達相談の 1 回のみという場合もありました。その
中で保護者とお子さんの様子を共有しつつ、専門機関への繋ぎを検討し
なければならないというときの見極めは本当に難しいと感じます。七ヶ
浜町では相談前の支援会議も行うので、ある程度の方向性を町の保健師
さんと最初にすり合わせて対応してきました。

　特に発達相談の場では保護者と町が共通の理解を持つための一助とな
ることを期待されていますので、相談場面にも保健師さんに同席しても
らいました。発達相談の場は、保健師さんが、お母さんが幼稚園や保育
所とこれまでどのようなやり取りをしてきたかやお母さんの気持ちにつ
いて、改めて知る機会にもなったのではないかと感じます。

　保護者の方々は、大変不安な気持ちで発達相談に来られますので、発
達相談を行う意義について具体的にお話しします。そして、保護者が
今、困っていることを把握し、困りながらもこれまで何とかやってきた
ことを評価し、「それはお子さんにとって意味のあることです」とお伝
えしてきました。

羽柴：私も七ヶ浜町を担当しています。巡回相談は 2 か所で計 4 回、発
達相談は年に 4 回から 5 回で、だいたい 1 回につき 2 ケースを担当しま
した。時間に余裕がなく、内容の濃い仕事でした。町に求められている
ことと園に求められていることに多少のずれがある中、できる限りすり
合わせをしてフィードバックをするよう努めてきました。

　難しいのはやはり就学を見据えたケースです。年中、年長のお子さん

のケースですと、支援の方向性の判断を多少急ぐ必要がでてきますが、保護者はまだその状況の受け止めができていないという場合があります。一方で、比較的早期に発達相談につながったケースもありました。

　今は情報があふれています。お母さんたちは不安を解消しようとインターネットなどで手探りで情報を集めますが、それが正しいかどうかの選別は難しいものです。目の前のお子さんの断片的な姿に気持ちを揺さぶられ、漠然とした不安を抱えて相談にいらっしゃるケースも多いです。そこで、お子さんに関して、「ここはできるね」、「ここは伸びてほしいところだね」と、**現状を保護者と一緒に把握し、今後の課題を見出しながら整理し、みんなでお子さんのことを理解していくことを意識し**ました。

②心理士派遣は、保育担当者にどのように活用されたか

心理士派遣事業を通じて、保育担当者に心理専門職の助言や違う視点で見る機会を提供することが、普段の関わり方への安心感につながった。保育担当者と保護者が共に理解を深める助けにもなった。

加藤：保育士さんたちにとってこの事業はどう活用されたでしょうか。

二井：巡回相談は、保育士さんたちが気になっているお子さんがケースとして上がってきて、その見立てを私がサポートすることで先生方をエンパワー[15]したり、今後の支援について協議したりすることが多かったと思います。「専門機関につなぐべきかどうか」といった質問や、就学を前に少々焦った感じの相談もあります。そういう場合は、「この限られた時間で、どうしよう」と無力感を感じますが、保育士さんには、お母さんへの声掛けで良い関係を作り、お母さんがお話をしてくれるのを待つようにという助言が多いです。問題をズバッと指摘するのではなく、少し時間をかけ、一緒に考えることで見えてくるものがあると思いました。

---

[15] 本来のその人の力が発揮できるように支援すること

　保育士さんの丁寧な関わりで、お子さんの発達が大きく促されたケースが実際にあり、大変驚いたことがあります。話していくうちに、お母さんが保育士さんに心を開き、お子さんについていろいろ教えてくれるようになったそうです。**違う目線で見るきっかけ**は提供できたかもしれないと思いました。

持留：南三陸町は県北部ということもあり、大前提として、社会資源が少なく、子どもたちを繋ぐ先となる専門機関もありません。その分、保育所や幼児園の先生たちが本当に丁寧に真剣に子どもたちと向き合っています。これまでの対応やお子さんの好みの記録などをきちんと付けていますし、しっかりとメモも取って下さいます。

写真 8-4　持留健吾氏

　ただ、保育士さんたちは不安を抱えながら子どもたちと関わっています。私たち専門家がその関わり方や見立てを認め、褒めることで、「私たちは意味のある関わりをしていたんだ」と思ってもらえるように、保育士さんに、**自信や勇気、安心感を提供でき**たのではないかと考えています。

　また、保育士さんたちは熱心に、いろいろな情報を取り入れています。ただ、発達に関しては、全体としてではなく一部に気を取られ、例えば自閉症の一症状について特化して見てしまうこともあります。子どもたちに日々接しているので、ある一領域が気になり、選択的な注意が働くのではないかと思いますが、年に 1 回くらいしか行かない私たちは問題だと思わないようなことも結構あります。一部が伸びなかったから発達に問題があるわけではなくて、全体的に伸びていくと、そこも底上げされて伸びることもあります。全体を見る視点を提供したり、心理士だからこそ見える領域、ずっと見ていないからこそ分かる全体的な動きなどもお伝えしています。

　先日、1 年ぶりに伺ったときに、お子さんがとても成長していて、大変驚きました。「先生たちの関わりのおかげで、こんなに成長したんだ

な」、「南三陸町の保育士さんたちの質は本当に高い」と思いました。

加藤：1回だけ、また短い時間では分からないこともあるけれど、たまに行くから分かることもあったようですね。それが毎日子どもたちを見ていらっしゃる保育士さんとうまく噛み合うと、なかなか良いものが得られる感じがします。

鎌田：七ヶ浜町では、長くお勤めの先生方も多く、お子さんだけでなく、親御さん、ご家族全員をご存じという状況もありました。

　私は3つの園を担当していましたが、大変熱心な園が多く、人的な課題や時間的な制約がある中でも園の特徴を活かしながら対応している印象です。

　事前に情報をいただいた後、お子さんの行動観察と見立てを行い、それを先生方の見立てともすり合わせながら積極的にフィードバックする形をとりました。先生方が試行錯誤しながら行っている支援のありがたさはどの園でも感じましたので、「先生方がこういうところに手を掛けて下さっているからこそ、このお子さんはここではすごくいい表情をしていますよね」と、実際に見て良いと感じたことを積極的に伝えるようにしました。そのことは、**先生方の自信や園としての対応方針、支援の仕方の幅の広がり**に繋がったのではないかと、振り返って思います。

　ご家庭内に課題があるケースに関しては、保護者の状況などを支援会議でお聞きしながら、保護者と園にそれぞれお願いしたいことを、今すぐできそうなこと、少し長い目で見て変化が見られると良いことに分け、できるだけ明確に、具体的にフィードバックするよう心掛けました。

羽柴：私も、保育士さんや保健師さんは、心理士が本来担う部分を幅広く丁寧に見てくれていると感じました。

　保育士さんの感じる困り感やお子さんの集団の中での様子が、家庭内の姿と一致しないことは多くあります。保育士さんはそのことについてお母さんと共有したいですし、集団の中でお子さんが抱える難しさや問題行動も減らしたいのですが、お母さんとの今後の関係も意識するの

で、なかなか難しいところです。そこで、**外部から来た私が専門的な目で見て問題行動の背景を伝え、お子さん自身が何を困っているのかという視点で伝える**ようにしました。

　人数に関しては、1 回の訪問で 10 人くらいの行動観察を求められる場合もあり、ひとりあたりの時間も短いですし、その場だけで分からないこともありますから、適切なフィードバックが難しくもどかしく感じました。町に常駐しているわけではないので、基本的に毎回が「一期一会」の関わりです。その場でうまくフィードバックできないときもあり、自分の力不足を感じることもありましたが、**「保育者と保護者がお子さんについて共に理解を深めることを、いかに助けるか」**を意識し、そのために役立つ助言をしていきたいと思います。

③震災との関連を感じたこと

震災と直接、関連のある相談はなかったが、子どもの家庭環境や発達に間接的な影響が感じられた。心理士は生活の変化による保護者のストレスなどを気にかけながら対応した。

加藤：いずれの町も東日本大震災で大きな被害を受けました。皆様にそれぞれの町での活動を開始していただいたのは、震災から時間が経ってからですが、そこで働く保健師さんも保育士さんも、お母様方も、住民の方々は皆、震災の被害を負って今も暮らしているという場所での仕事となりました。皆様がそれぞれの町で活動する中で、震災との関連を感じたことがあれば、教えてください。

鎌田：七ヶ浜町での 2 年間、震災に絡んだ相談はありませんでした。ただ、巡回先の保育所は、震災で園舎が被災し、建て替えをしたという話でした。

　先生方も、保護者も、当時はまだ生まれていなかった子どもたちも、皆、震災の影響は少なからず受けているということは、常に頭の片隅に置いてお会いするように心掛けていました。実際に、震災を経験している年の離れたご兄弟がいるケースにお会いすることもありました。保護

者は特にお話しされませんでしたが、そのような状況の中で試行錯誤しながらこれまでやってきたのではないかと想像しながらお会いしました。

羽柴：学生時代に震災を経験した方々が親世代になってきていることは強く感じました。また、他のところの相談でも、お母さんご自身の生育歴や母子関係、これまでの体験といった精神面に関わることが子育てのスキルやお子さんとの関係に大きな影響を及ぼしていると感じたので、意識的にいろいろな可能性を想像しながら相談に当たってきました。保育所の先生方との雑談の中では、子どもたちの発達を情緒的な部分と絡めて丁寧に見ることを意識するようになったというお話が出たこともありました。

持留：震災から9年経ちましたので、関わっている子どもたちは**直接的に震災の影響を受けていません。ただ、親世代の方々は被災されています**。

　私はこの事業以外でも学校などに行っていますが、この9年で起きたことを家族全体で大きく考えると、避難所から仮設住宅に移り、その後、ご自宅を再建された方もいれば、公営住宅に移った方もいるなど、非常に大きい居住の変化がありました。それに伴い、同居する人や親の仕事、家庭の収入、生活時間帯なども変化し、家庭環境自体が大きく変わりました。その結果として、親世代の方々や子どもたちの心の安定が難しかったり、お母さんたちが同居する祖父母世代の目を気にして息苦しいような生活をしていたりします。

二井：保育士さんから、「落ち着きのない子どもがクラスに何人もいます」と聞いたり、保健師さんから、「最近、学級崩壊が増えている気がします」と言われたりすることがありました。それは、発達に関する課題がいろいろ報道され、皆が敏感になっていることだけが原因ではない気がしました。お母さんが被災し、子どもとの初期の出会いの時期に落ち着いた気持ちではなく、十分な信頼関係が築けなかったりしたこと、また家庭環境の大きな変化による限りない、そして次から次へと起こる

ストレスも影響しているのではないかと感じました。皆さん、震災の影響だとはおっしゃいませんが、そのことは常に心に留めてお話を聞かなくてならないと思っています。

　お子さんがちょっと暴力的なところがある、1 歳半のお子さんがスマホを見ているというのも比較的多く聞きました。社会全体として増えているのかもしれませんが、もしかしたら余裕のない生活の中で、ご両親が「これ、見ててね」という場面が増えていて、それは震災の影響もあるのかもしれないと思いました。

　それから、被災した上のお子さんはとてもおとなしいお子さんだったのに、震災から数年後に生まれた下のお子さんは、お母さんを困らせるという話も聞きました。それは、実は抑圧された生活を送ってきた上のお子さんと、上のお子さんと比べられる下のお子さんという見方もできますし、あるいはお母さんが大変な状態で子育てをしてきて、下の子どもさんの積極的なパーソナリティーをうまく受け止められないという可能性もあります。**震災は、いろいろなところに間接的に影響している**と感じています。

加藤：皆様のお話を聞き、**2011 年 3 月 11 日に起きた出来事だけのことではなく、その後の生活の変化、またその変化の積み重ねが今の子育てに関わっている**と思いました。今の日常の中に、たくさんの生活ストレスがあるのかもしれない、そしてそれは辿れば震災に行き着くかもしれないということですね。

④心理士派遣でカバーできなかった課題
課題は、**継続的、包括的な支援ができないこと**。心理士派遣事業で行ってきたような活動を自治体の業務の中に組み込み、定着させることが重要。心理士を支えるシステムも必要。

加藤：この事業でカバーできなかった課題や良いアイデアなどがあれば、ぜひ教えてください。

鎌田：発達相談、巡回相談に関しては、「この事業で、初めて保育所に

心理士が入りました」とか、「すごく役に立ってます」といったお話を聞いたり、保育士さんへのアンケートを見せてもらったことで、先生方に何かしらフィードバックできていると感じました。

　ただ、個別ケースでのフィードバックはできるものの、保健師さんたちとお話をして感じるのは、このような**活動を町のシステムの中にどう組み込み、定着させるか**、次の段階へのステップアップというところが課題だと思います。

羽柴：園が求めることと町が求めること、私がフィードバックできることに、ずれが生じたこともありました。また、**継続的な支援が難しくカバーしきれない**ところもありました。事後のフォローができないため、町の保健師さんに委ねたり、「専門機関にこう伝えて下さいね」という形でお母さんにお願いしたりするしかありませんでした。結果的に、想像していたのとは違う方向に進んでいたということもあり、今後の課題だと思いました。

　また、保健師さんや保育士さんといった**支援者の心のケア**に関しても、私たちにできることがあると感じています。

　それに以前と比べると、お子さんと上手に関われないお母さんが増えたと感じています。おそらく現場の保育士さんや保健師さんがそのあたりをフォローしてくれている状況だと思います。個別支援以外にも、例えばお子さんとの関わり方や良好な母子関係の作り方といったものを広く知ってもらう機会を設けるなど、大きな枠組みでの関わり、援助の仕方も模索できたらと思っています。

加藤：七ヶ浜町では年に1回、保育士対象の研修会を行いましたが、お母さん方が学ぶ機会もあるといいということですね。

羽柴：遊び方が分からないというお母さんも増えたと感じることがよくありますので、**お母さんがお子さんとの関わり方を学ぶ機会もあるとすてき**だと思います。保育士さんたちはそういう部分が

写真 8-5　羽柴郁子氏

お得意ですし、一緒に何かできたらうれしいです。

持留：期限が決まっている支援は、その後続かないので意味がないというか、本当に点と点でしかなく、**繋がる支援にならないところがもどか**しいです。携わっている自分たちの成果や効果も断ち切られますから、不全感や無力感を感じて苦しいと思うこともあります。大きい話になりますが、支援が線として繋がり、就学前から高校卒業くらいまで町全体、国全体で支えていける**システム作りが必要**だと思います。その中に心理士の立ち位置をきちんと確保して関わっていくことが大事です。予算的な部分も含め、国や県、町がどれだけそこを重要視するかということもありますが、そのあたりは非常に難しく、私たちには手出しできない領域だと思っています。

それから、先ほどお話があった保育士さんたちの心のケアは私も大事だと思います。南三陸町では保育士さんたちが一生懸命に勉強して対応して下さっていますが、専門家が入らないと、全体が見えなくなったりすることがあり、危険な面もあります。保育士さんや支援者のいるところに専門家である心理士が入り、ビジョンを持って対応するのは大事なことだと思います。

皆さんと同様、私も一場面だけを見て判断することを求められるのが本当に怖く、「あの見立ては間違っていたかもしれない」とか、「お母さんに期待を持たせすぎたかもしれない」とか後で考えて辛くなることもありました。

支援に関しては、1歳半のお子さんを判断するのは難しいですし、「お母さんに幻想を捨てさせることも大事だけれど、ここで何か言ってしまうと希望を持てなくなるのでは」と思うこともありました。皆でフォローしていくことを伝えるのは普通のことで、全然間違っていないのですが、一方で自分が逃げているだけという感じがして苦しくなるときがよくありました。二井さんと私は活動したら必ず、活動内容や感じたことを報告し合います。二井さんからはありがたい言葉で共感してもらったりするのですが、そのときに「自分だけじゃないんだ」と心強く感じ

ますので、そういう部分はとても大事だと思っています。

　心理士の確保が難しいのは、**心理士を支えるシステムがないからでは**ないかと私は思います。とにかく行ってくれる方に頼むというのは少々無責任な感じがしますし、金銭的にも条件的にもきちんと整える必要があると思います。正直に申し上げると、私自身、県北部でずっと活動してきて、息切れして、「しんどいな」と思うこともあり、やっぱり心理士のケア、支援者のケアというのは、本当に大事だと感じています。

二井：南三陸町は保育士さんたちが大変熱心で、センスのいい方が多く、お母さんたちは専門機関が少ないところでそういう方々に日々支えられていると感じます。「発達の心配がある」とおっしゃる保育士さんは多いのですが、中には、お母さんとの愛着に関するところまで見ている方がいて、そこにも驚かされることがあります。ですので、今後、**保育士さんなど先生方向けの心のケアの研修がたくさんあれば**、そういう方々がスキルアップして子どもたちを支える「大きな船」になって下さるのではないかと考えています。

　それから、スクールカウンセラーさんも保育士さんも被災してとても疲れていらっしゃると思いますので、そうした研修などでは支援者のセルフケアに関することも取り上げていただければと考えています。

加藤：いずれの自治体も、震災前は心理士が置かれていませんでした。保健師と保育士と栄養士で力を合わせて親子に関わり、自然と心理に関わる部分をカバーしていたと思います。南三陸町には事業を開始する前に、「震災子ども支援室の閉室までの3年間しかないのですが、それでもいいですか」とうかがったところ、保健師さんは「すごくありがたいです。その間にいっぱい学びたいです」と言ってくれました。心理士の活用方法や派遣回数、取り組みたいことなどは、それぞれの町からの提案によっています。皆様の親身な対応を受けて、町にはこの事業を主体的に活用してもらえたと思いました。本日のご意見を今後も参考にしていきたいと思います。本日はありがとうございました。

＜コラム＞心理士派遣自治体からの声－町の保健師から

　心理士派遣事業が各町の子どもたちや保護者、保育担当者にどう活用
されたか、実施にあたって何が困難だったかなどを派遣先の町の保健師
の方々にお伺いした。

図 8-2　心理士派遣自治体

＜山元町＞　**心理士派遣事業の「収穫」**
　被災により3つあった保育所が1つに統合され、保育現場は大変でした。子どもの
数が増えて情報共有が容易ではないうえ、新しい職員も増えていました。保育所に行
くと、よく相談を持ち掛けられていました。
　心理士派遣事業で、心理士の巡回相談に保健師が同行したことで、保育所や幼稚園
の先生との関係構築の一助となりました。子どもたちが保育所、幼稚園でどのように
過ごしているかを知る機会にもなったし、それらは健診にも活かせるようになりまし
た。また、心理士への相談を見据えて、保健師と保育士が相談に至るまで一緒に課題
を共有できたことも収穫でした。発達相談のときに保護者が心理士にじっくり話を聞
いてもらうことで、必要に応じて専門機関や健診に繋げられるのでありがたいです。
　心理士派遣事業は、平成30年度1年間は町が"S-チル"に派遣を依頼する形で行い
ましたが、令和元年度は町の方で事業化して実施しています。これまで県が行ってい
た乳幼児の発達関係の精密検査は、近く、各市町村に委譲されることになります。今
後は心理士との連携を強化し、町で適切に精密検査を行えるように力を付けていきた
いと思います。

<七ヶ浜町> 関係者が子どもの発達への理解を深める

　震災後、町内は一時期若い世代が減少しましたが、その後、復興に伴い住宅や子どもが増え、経過観察を必要とする子どもも増加しました。同時に、子どもの落ち着きのなさや発達に関する問題がみられ、母親たちや保育者には戸惑いがあったと思います。

　心理士派遣事業は、保育者にとって大きな意義があったと思います。この事業は、保育者が子どもの発達の理解を深めるのに役に立ちました。小学校就学に配慮を要する子どもたちの情報を共有するコーディネーター会議において、巡回指導時に受けた心理士の助言を参考にケースが上げられるようになりました。保育士たちが子どもの特徴に合わせた保育を行う際にも、心理士の助言が効果的だったと思います。

　一方、町としては、母親に子どもの苦手なことや得意なことを伝え、受診に向けた共通認識を持つために、発達検査をする心理士の確保が課題でした。しかし、心理士を確保して今後町でどのように発達支援事業を進めていくかは現在未定であり、当初から町の発達支援事業の骨組みやビジョンの中に、この事業を位置づけられればよかったのではないかと思います。

　この事業を活用させていただくのは令和2年度で終了となりますが、町では、この事業を通して培ってきたノウハウを生かし、今後も町内の幼稚園・保育所と一緒に子どもたちの支援を継続していきたいと考えています。

<南三陸町> 関係者間を仲介する

　保護者にとって精密検査は敷居が高いですが、心理士への相談はもう少し気軽にできる、一方で保健師の相談よりは先へ進んだ感じになる、専門家である心理士に相談したり、助言をもらったりできることで、母親がホッとできる、などの点が良かったように思います。そして保護者の安心は子どもの元気にも繋がります。

　巡回指導で、保育活動の中に心理士、保健師が入るのも良かったです。現場で直接に助言をもらえるので、保育士たちが喜んでいました。保育所への巡回指導の場合、子どもの発達に関することだけでなく、幅広く聞ける点も良かったです。保育現場からの巡回指導のニーズは大きかったです。また、保育士と保健師で温度差があるときに心理士が間に入り、精密検査を勧めるなど何らかの助言をしてくれることがありました。そのような場合は、心理士が関係者間の温度差を埋める役割を果たしていると感じました。

　心理士派遣事業は、単発の相談には良いと思うのですが、活動日が限られていることが課題です。再度、同じ心理士にお願いしたいときに活動日に合うかどうかという難しさがありました。1回の活動で複数の保育所を回るので、「あちらも」、「こちらも」という感じもありました。

　2021年度からは、各市町村で精密検査を行う必要があります。町の保健師、保育士では難しく、予算は町で確保するとして、今後も"S-チル"や心理士の方々と繋がっていければ嬉しいです。

4.　心理士派遣を振り返って

　座談会と自治体へのヒヤリングから心理士派遣を振り返ると、この事業は一つ目に自治体と保育・教育施設、保護者をつなぐ潤滑油となっていたこと、二つ目に支援者のエンパワメント、スキルアップに活用されたことがうかがえる。

　これまで心理士が入っていなかった事業に心理士が入る、あるいは新たな事業を自治体が立ち上げることで自治体と保育・教育施設、保護者のやり取りが増え、関係性が強化された。巡回相談に保健師が同行することにより、保育士・幼稚園教諭が直接自治体担当者と話す機会が増えたことはいずれの自治体にも共通する点であった。また、事業に関するアンケートを通じて、保育・教育現場の思いや要望が自治体に届けられた。アンケートには、巡回相談が単に子どもの状態像の整理や具体的な支援への助言にとどまらず、園内、保護者、自治体との連携に繋がっていくことへの期待が寄せられた（震災子ども支援室，2018）。

　座談会で話題にも上がったように、日常的な関係を持たない外部からくる専門家だからこそできることもあった。集団内での様子と家庭内での様子が一致しない子どもについて、専門家、第三者の立場から助言することにより、保育士・幼稚園教諭と保護者の共通理解を深める一助となった。

　また、心理士が事業に携わることによって、心理学的視点という新たな見方が加わった。このことは、これまでの支援者の取り組みを心理学に照らして認め、エンパワーするだけでなく、見立ての広がり、対応方針、支援の多様性につながった。さらに、業務において心理士と協働することで、カウンセリング的な技法、話の聞き方や質問の仕方について知る機会を提供することができた。

　自治体の要望を受けて、子どもに携わる人たちへの研修会も行った。2018 年に七ヶ浜町で行われた研修会では、発達障害に関する理解を深めるための講演と参加者同士のつながりや情報交換を目的としたグルー

プワークでの話し合いを実施した。研修会後のアンケートには、「障害によっても違う、それぞれの子どもによっても違う対応をしていかなければならないため、今回のさまざまな対応の仕方、パターンの話を聞くことができ、参考になりました」、「今回の研修を受けて、改めて気になる子を保育する上でのポイントを学べました」といった感想が書かれ、知識を深めることができたことがうかがえた。グループワークの感想には、「他の先生との話し合い（グループワーク）、今、困っていることなど、知り合えることができ、良い時間でした」、「身近な園の方々との意見交換は、とても必要だと思いました」というように、他の園とのつながりや子どもの保育・教育に携わる人同士の横の関係、日ごろ感じていることの意見交換の場の必要性が見受けられた。また「今回だけでなく不定期でもいいので、また勉強したいと思う」、「このような場がもっとあると良いなと思いました」など、このような研修会、勉強会を望む声が寄せられた。

　この研修会の報告書は、当日参加できなかった関係者に配布することを目的として、七ヶ浜町からの要望をもとに作成された。しかしながら、町外の施設からも報告書の配布を望む声があり、宮城県内の幼稚園・保育施設等に約700部の配布をおこなった。現場で子どもたちと接する人にとってこうした研修会のニーズが非常に高いことがうかがえた。

　しかし、震災子ども支援室の活動の終了とともに、心理士派遣も終了しなければならない。事業を継続する難しさや、常駐心理士ではないゆえに提供できる支援に限界があることなど、心理士派遣ではカバーできなかった点も挙げられる。山元町のように、自治体で予算を組み、継続的に事業を展開していくことが決定されたところもあるが、自治体の既存の事業の中にこの心理士派遣を位置付けることは、必ずしも容易ではない。このようなニーズに対応できなかったことは、心理士派遣の限界であった。

　心理士派遣が始まったのは、震災子ども支援室の活動が残り3年と

なったときであった。3 年間という限りある時間の中でも、自治体の母子保健に携わる方々にはこの事業を好意的に受け止めていただいた。専門家である心理士の派遣と研修会を通して、地域の子どもたちの支援に向けて一緒に取り組むことができた。震災から時間が経過し、震災からの直接の影響が見えにくくなっていく中、子どもを取り巻く保護者、保育・教育者、保健師といった支援者を支えることで、子どもたちの健やかな成長と幸せを支えることの一助となったのであれば光栄である。

参考文献・資料

震災子ども支援室（2018）．平成 30 年度　七ヶ浜町　心理士巡回相談アンケート結果

震災子ども支援室（2019）．問題行動を呈する子どもの支援〜発達障害を中心に〜　東北大学大学院教育学研究科

<次世代への継承>
第9章　次世代への継承

1. シンポジウム『東日本大震災後の子どもたちへの支援～高校生・大学生が見つめる被災地の現在（いま）～』

　震災からまもなく1年がたとうとしていた2012年2月、岩手、宮城、福島の学校の先生方が集まる研修会で、津波で町をまるごと失った沿岸被災地の先生方がこんなことを話された。
- 「子どもたちは、母校の校舎で学ぶことができない、もう母校から卒業させてあげられない」
- 「ふるさと教育、伝統教育、今まで築き上げてきた学校の文化が消滅してしまった」
- 「何もない町の中で、子どもたちに、どうやって将来の夢や目標をもたせてあげたらいいのか」

　震災直後は、故郷の風景、暮らし、積み重ねてきた歴史や文化を失って、先の見えない無力感の中にあり、子どもたちの「これまで」と「これから」が途切れてしまったという思いの中で、先生方は、生徒たちの未来を心の底から案じていたのだと思う。

　一方で、同時期には、震災時には小中学生だった児童生徒が、高校生や大学生となり、自ら考え、行動し、表現する力をもって、震災について社会に発信する動きを見聞きするようになっていた。震災子ども支援室として、そうした動きを支えたいという思いと、子どもたちがあの震災をどのように自分の中に位置づけているのかを、支援者として学びたいという思いから、2017年12月、高校生と大学生を主体とした発表の場の提供を目的としたシンポジウムを企画することとなった。東北大学で学生ボランティアをまとめている課外・ボランティア活動センターに

協力を要請し、大学生にはシンポジウムの企画段階から加わってもらうこととした。事前に協議を重ね、2017年9月29日は、「震災子ども支援室の取り組みから見える被災地の変化」と題し、大学生に震災子ども支援室の活動を知ってもらう講演会を開催した。

　シンポジウムの当日は、岩手、宮城、福島の6つの高等学校の高校生が11のポスター発表を行い、また、東北大学で震災支援ボランティアを行う大学生グループ6団体が活動に関する口頭発表を行って、意見を交換した。

　様々な活動報告に接しながら実感したことがある。震災当時、被災地で支援された子どもたちは（被災地外で育った子どもたちも含めて）、今、高校生や大学生となり、被災地のために "私たちにできること" を目指して多彩な活動を行っている。支えてもらった者が支える者となって受けついでいく、そんな力強いバトンリレーを感じながら、震災子ども支援室も "私たちにできること" を最後までやり遂げようと改めて思う体験となった。

①高校生のポスター発表と参加者からのコメント

　ポスター発表では、高校生が実施した調査や活動について報告した（**表9-1**）。主なテーマは避難、支援、防災、国際交流であった。

　高校生の発表に対する参加者からのコメントには、ポスターの内容やプレゼンテーションについての賞賛や提案、調査方法や分析方法に対する指摘や助言がみられた。また、発表を聞いて初めて知った事実や専門用語への驚きや関心が寄せられるとともに、被災地の高校生がこのような活動に取り組む意義と社会に発信する重要さについて指摘するコメントもあった。

＜高校生ポスター発表へのコメント＞

• 「様々な視点から考えられていてすごい。グラフやスケッチブックなどわかりやすかった。自分の体験のもと関心を高める方法が考えられていてよいと思った」

表 9-1　高校生のポスター発表の内容

所属		タイトル
岩手県立大船渡高等学校	①	震災の記憶
岩手県立一関第一高等学校・附属中学校	②	震災から学ぶ活動（避難行動調査と中学生への災害へ備える授業の実施）
	③	沿岸被災地と内陸をつなぐ活動（沿岸内陸コラボレシピの開発と普及）
	④	沿岸被災地における健康支援活動（生活不活発病予防のための農園活動）
宮城県気仙沼高等学校	⑤	市民の防災に対する関心を高める方法
	⑥	気仙沼市の防災の課題「率先避難と徒歩避難の問題！」解決に近づくための防災ビル
仙台白百合学園高等学校	⑦	震災による被災者の支援（精神面・身体面）〜私たちにできること〜
宮城県石巻西高等学校	⑧	本校の国際交流について
	⑨	本校の防災交流について
福島県立磐城桜が丘高等学校	⑩	絆と結束の町　城山〜ハザードマップ作りをとおして〜
	⑪	絆と結束の町　城山〜防災カードで変える未来〜

- 「発表が上手いなーと感心してました。凄い。内容も理論的で説得力があるものでした。写真が小さいので、何枚か載せるのであれば大きいのを 1 枚ドーンと載せたほうが良い構図になりそうです」
- 「沿岸食材だけを使用するのではなく、内陸の食材も使っているところがよかった。ぜひ、他県にも広めてほしい。レシピをインターネットで公開してはどうか」
- 「Google アンケートはどのように呼びかけて、どの範囲の人にかいとうしてもらったのですか？スマホから回答すると世代が偏ってしまうかもしれません」
- 「アンケートをとった際の分析では回答者の立場毎の傾向も見てみると新しい結果がでることもありますので、是非試してみてください」
- 「わかったことで『正常性バイアス[16]』を防ぐことは難しい。すばら

---

[16] 異常事態が起こってもそれを正常の範囲内としてとらえ、自分だけは大丈夫という心理が働くこと（「震災から学ぶ活動」ポスター発表より）

写真 9-1　高校生のポスター発表

しい言葉を知りました。気づいてよかった。…」

- 「『災間[17]』の考え方、大切だなと感じました。小学生にとって自分たちと同じ歳で被災した高校生からお話を聞くのはとても貴重だなと思いました。…」
- 「高校生と中学生のコラボは震災当時幼かった人にも考える機会を与えられていいと思う。次の世代に伝えていくきっかけになると思う」
- 「高校生の語り部は良いと思います。自分の体験を自分の言葉で伝えていってほしいと思います」
- 「ハザードマップは、市が作ったものよりも『地元の高校生が作った』という方が、地域の人もおそらく見る気になるかなと感じました。まさに高校生の強みかもしれないです」

②ボランティアを行っている大学生の団体の報告とディスカッション

　東北大学で震災支援ボランティアを行っている 6 つの団体が、それぞれ取り組みを報告した後、シンポジウム参加者から寄せられた質問にディスカッション形式で答えた（**表 9-2**）。

③シンポジウムを振り返って

　シンポジウム後、登壇した大学生に参加して感じた、あるいは気付い

---

[17]「災間」とは、前の災害と次の災害の間のことである（2015 年 3 月 10 日朝日新聞朝刊「『災間』を生きる」より）。

表 9-2　取り組みの概要及び団体への主な質問とその答え

団体名	取り組みの概要、主な質問（「　」）とその答え（→）
地域復興プロジェクト "HARU"	震災直後の第1期は、物資や教育面で支援。第2期は、プロジェクト単位で活動。第3期は、宮城県石巻市と山元町で多様な支援を実施。
	「（支援の）ニーズの調査とは、具体的にどんなことをしたのか？」→交流活動を通じて住民と信頼関係を築き、困りごとを聞いた。
NPO 法人キッズドア	宮城県仙台市と南三陸町で、被災や経済的な事情で有料の教育サービスを受けられない中・高校生を対象に、無料の学習支援を実施。
	「学力が向上しても、経済的な理由で進学できない子どもがいるのではないか？」→奨学金や教育ローンを紹介、手続きも補助。学力向上を通じて、家庭の経済的負担を小さくする。
陸前高田応援サークルぽかぽか	岩手県陸前高田市で、仮設住宅・災害公営住宅での寄り添い活動、地域や子どもの支援を実施。同市と東京の中・高校生との交流も企画。
	「大学進学は本当に良いことか？将来設計を立てさせた後、進路を考えさせるのも大事ではないか？」→将来設計の段階で選択肢に大学進学がないのが問題。奨学金の利用などで進学できる可能性がある。
インクストーンズ	宮城県石巻市を中心に、仮設住宅・復興公営住宅でのイベント運営やお茶会などを通じた傾聴活動を実施。
	「活動内容を具体的に教えてほしい」→仮設住宅でのイベントの手伝いのほか、石巻市雄勝町では特産の雄勝石を使った石皿作りなども。
福興 youth	主に福島県いわき市と富岡町で、仮設住宅と災害・復興公営住宅での「カフェ活動」を実施。自治体のイベントの手伝いもしている。
	「子どもたちの状況は？」→仮設住宅や復興公営住宅は、共働き、ひとり親家庭が多いと感じる。子どもが寂しくなることもあるだろう。
基礎ゼミ・展開ゼミ継続サークルたなぼた	仙台、石巻、名取の宮城県内3市の仮設住宅、復興住宅で、季節のイベント、足湯などを実施。子ども向けの実験教室も開いている。
	「今後の活動は？」→参加者の固定化が課題。復興公営住宅訪問やチラシ配布のほか、町内会行事参加で地域を巻き込んだ活動も行う。

たことについてアンケートを実施した。

　所属団体の発表をまとめることを通して、「活動の目的や成果を考え直すきっかけになった」、「被災地の子どもを取り巻く状況の変化やその時々の課題が見えた」といった感想が寄せられ、シンポジウムに参加することでこれまでの活動を振り返る機会となっていた。また、他の大学生の団体の発表を聞いて、「活動する地域特有の課題の報告やそこでの子どもたちの様子を聞き、自分たちにはなかった視点を得た」、「自分た

写真 9-2 　大学生の発表

ちと似たような悩みを抱えている団体があり、問題の解決方法や対策で参考にできるものがあった」など、視野の広がりや情報共有の重要性への気づきが見られた。高校生の発表に対しては、「地域に根差した防災教育や震災支援、若さを活かした取り組みについての発表を聞き、とても勉強になった」、「取り組みがすばらしい。アピールをして、全国のより多くの高校生にこうした活動を知ってほしい」など、より若い彼らを高く評価し、励まそうとする姿勢が見てとれた。

　シンポジウム全体を通して、「高校生や大学生の様々な活動について知った。ボランティアを通じた自分の成長にも気付き、ボランティアへの思いを新たにした」など、シンポジウム参加で得た経験を今後の活動に活かしていきたいという前向きな意見が多く、「大学生として、ボランティアの先輩として、高校生に声を掛けてあげたかった」など、高校生と交流できる時間がもっとあればなお良かったのではないかという趣旨の記述が目立った。

　このように、登壇した大学生にとって本シンポジウムは、これまでの活動を振り返り、高校生や大学生、一般の参加者に広く自分たちの活動を知ってもらい、今後の活動を考える機会となったと言えるだろう。

2. 震災こころのケア研究会（D 研）の活動

　震災こころのケア研究会（D 研）は、震災と心のケアについての関連書籍、論文などを読む読書会として、2017 年に開始した。メンバーの多くは、東北大学大学院教育学研究科の大学院生と学部生であった。資料収集やディスカッションの司会には、震災子ども支援室の研究員が携わり、研究会の運営を支えるとともに、心理学研究者の視点から活動への助言を行った。

　主な D 研の活動は以下の通りであった。

- 震災関連資料の読書会
- 震災関連の文献レビュー（この成果をベースに震災子ども支援室のHP 上に『震災こころの支援文献データ』を作成し、震災関連の文献が検索できるようにした）
- 東北心理学会での発表（関・塚越・二本松・富田・千葉，2019；渡邊・久我・菅原・富田・千葉，2019）
- 当研究科による大学院生プロジェクト型研究費の助成を受けた研究：「原発避難と青年期の対人関係」（二本松・千葉・久我・菅原・塚越・富田・関・渡邊，2020）
- 公開研究交流会：「若手による震災こころの支援研究」

　D 研のメンバーは大学院生だけではなく、まだ研究に慣れていない学部生も含まれていたが、倫理委員会への研究申請、文献レビュー[18]やインタビューの方法、実施、その分析、まとめ方と発表の仕方まで、それぞれが体当たりで震災研究に向かう経験となった。次世代の青年が、それぞれの思いをもって震災後のこころのケアについて学び、科学的研究の方法を用いて震災を多面的にとらえようとする姿は、非常に頼もしく感じられた。ここでは、D 研の主な活動成果である文献レビューについてまとめることとする。

---

[18] 書籍や論文として発行されている先行研究の文献を概観し、まとめること。

①震災と子どもに関する心理学的研究の動向

　大規模災害における心理学的研究動向、特に子どもに焦点を当てた心理学的研究動向を整理すること、そこから考えられる今後必要とされる研究や支援について提言することを目的として文献レビューを実施した。「CiNii Articles」において「（震災 OR 災害）AND 子ども AND（こころ OR 心理 OR 支援）」をキーワードに検索し、569 件の論文を抽出した（2018 年 6 月）。その中から学術誌以外の論文、心理面の記述がない論文、著者不明の論文、シンポジウム等の論文を除き、選定を行い、270 件の論文を選定した。

　出版年、資料種別、震災種別、地域、場所、対象、テーマ（状態像、支援方法）の 7 つのカテゴリーを設定し（**表 9-3**）、選定した論文の分類を行った。支援方法では、さらに具体的な内容について KJ 法 [19] を援用して分類し、区分と細目を作成し（**表 9-4**）、細目に従って集計した（詳細については巻末資料を参照）。

　発行年別論文数は、東日本大震災が起きた 2011 年に急増した。一方で論文発行のピークは 2012 年であり、それ以降は減少傾向にあった。研究成果が発表されていないことも考えられるが、継続的に研究が行われていないとも言える。また次に述べるように論文の多くが活動報告や体験・自伝的記録であったため、活動の終結とともに論文数が減っていったとも考えられる。

　論文種別は、主にストレス尺度などの数値化できる指標をもとに調査を行う「調査研究（量的）」、インタビューなどの数値化できないデータをもとに行う「調査研究（質的）」、「活動報告」、先行研究をまとめた「レビュー」、「概論・概説」、「体験・自伝的記憶」に分類した。「活動報告」、「体験・自伝的記録」といった筆者自身の経験を交えながら、そこで「行ったこと」、「見たもの」を報告する内容が大半を占めた。次いで、多かったのは「概論・概説」であった。調査研究（量的・質的）が

---

[19] 文化人類学者川喜田次郎によって、開発された質的データをまとめる方法。

表 9-3　論文の分類カテゴリーと区分

分類カテゴリー	区分	分類カテゴリー		区分
発行年	発行年			一般
資料種別	調査研究（量的）			子ども
	調査研究（質的）			小児・乳幼児
	活動報告			児童・学童・小学生
	レビュー		被支援者	中学生
	概論・概説			高校生
	体験・自伝的記録			身体障害・疾病
震災種別	東日本	対象		精神疾患・障害
	阪神淡路			保護者・家族
	その他			学校関係（教師・養護教諭・SC）
地域	宮城			保護者・家族
	岩手			学校関係（教師・養護教諭・SC）
	福島		支援者	病院関係
	阪神・淡路			行政
	避難先			機関・団体
	不明・その他			ストレス反応・抑うつ
場所	避難所			PTSD（心的外傷後ストレス障害）
	仮設住宅			その他メンタルヘルス
	保育園学校		状態像	レジリエンス[20]
	地域			発達
	特定なし	テーマ		問題行動
	その他			その他
				心理相談
				親子支援
			支援方法	教育
				コミュニティ
				医療

　少ない背景には、震災後の混乱の中で学術的な目的の調査研究をすることが憚られ、調査の実施が非常に難しかったことが想像できる。特に、心理学的研究の場合には、被災体験や心に焦点を当てているため、被災

---

[20] レジリエンスとは、困難な状況から立ち直る力、回復力をさす。

表 9-4　支援方法の区分と細目

区分	細目	度数	区分	細目	度数
1　心理相談(78)	1 対面相談	41	3　教育(34)	15 心理教育	30
	2 心理療法	13		16 研修・講習会	4
	3 アセスメント	12	4　コミュニティ(76)	17 予防・防災	14
	4 電話相談	8		18 ボランティア活動	10
	5 コンサルテーション[21]	3		19 後方支援	9
	6 メール相談	1		20 心の支援事業	9
2　親子支援(53)	7 遊び場・保養	19		21 情報提供・情報共有	8
	8 子育て支援	9		22 支援者支援	8
	9 特別な支援	7		23 復興	6
	10 サロン	6		24 コミュニティ形成	6
	11 学習支援	4		25 アウトリーチ(外部支援)	3
	12 家族支援	4		27 見守り	2
	13 里親支援	2		28 避難者支援	1
	14 居場所	2	5 医療(10)	26 診療・健診・健康相談	10

者にとって侵襲性が高く、容易には実施できないという難しさがあった。このような状況の中で、何とか「行ったこと」、「見たもの」を残そうとしたのが、「活動報告」、「体験・自伝的記録」だったのではないだろうか。「活動報告」、「体験・自伝的記録」は調査研究のように研究デザインにそって得られたデータではないため、論文間の比較や一定の基準に沿ってまとめることが難しい。今後は、これらの現場から上がってきたデータを震災の知見としていかに活用していくかということが課題である。

　震災種別と対象地域では、東日本大震災 204 件、阪神淡路大震災 41 件、その他 33 件であり、約 76％の論文が東日本大震災に言及していた。対象地域は、宮城、福島に関する研究が多かった。

　論文の対象について、被支援者と支援者に分類し、言及されている対象者ごとに論文数を数えた。被支援者では、「子ども」と一括りにされ

---

[21] コンサルテーション：支援者に対して、その支援が円滑に行くように援助すること。

て論じられていることが最も多かった。年齢や年代が書かれている論文では、「児童・学童・小学生」、「小児・乳幼児」、「中学生」、「高校生」の順に多く、小学生の年代に関する論文が多いことが明らかとなった。また被支援者としての「保護者・家族」について書かれた論文も多く、子どもの支援者という立場ではなく、直接の支援対象となる被支援者としても重視されていることがうかがえた。一方、支援者では「機関・団体」、「学校関係」に属して子どもの支援にあたる支援者に言及されることが多かった。学校が避難所や支援の場所として機能していたことやNPO などの外部の団体が子ども支援に入ったことが背景に考えられる。

　論文の内容について、論文の対象の状態像、支援方法、アセスメント、防災・復興に分類し、言及されている内容ごとに論文数を数えた。状態像では、ストレス反応・抑うつに関する論文が多かった。時間が経過するほど、心理的な状態像と震災を結びつけることが難しくなっていく。論文の出版年のピークが 2011 年から 2012 年であることから、ストレス反応についての報告が多かったと考えられる。支援方法では、心理相談やコミュニティへの支援について報告されている論文が最も多かった。

　支援方法の詳細をみると、「心理相談」領域において対面相談や心理療法、アセスメントといった対面での支援に関する報告が多く、電話相談やメール相談など非対面での支援に関する報告は少ない。災害が発生すると、必ずしも現地に直接支援に入れるとは限らない。また新型コロナウイルスのような感染症の拡大も懸念される中で、今後は、非対面による心理支援についても知見が蓄積されていくことが望まれる。「親子支援」領域では、遊び場・保養に関する報告が最も多かった。災害後、保護者が忙しくなる中、子どもを預かることで、レスパイトとしての役割を果たしたと考えられる。「教育」領域では、心理教育に関する報告が多かった。全体でも心理相談に次いで報告が多く、直接的な支援と同様に重要視されていた。「コミュニティ」領域では、幅広い領域にわたる支援方法に言及されており、支援方法が多様であることがうかがえ

た。「医療」領域では、診察・健診・健康相談についての報告がみられた。

本レビューから 2012 年をピークに論文が減少傾向にあること、「活動報告」、「体験・自伝的記録」といった報告が多く、震災研究が支援と共に行われていること、調査研究が少ないことなどが明らかとなった。本レビューの限界として、日本語の論文に限られていること、論文の内容の詳細については検討できていないことが挙げられる。内容についての詳細な検討は、体験的なデータをいかに震災支援における知見に活かしていくかという問いとも重なる。甚大な被害を受けた直後の調査研究は、調査者にとっても被災者にとっても心理的抵抗感が否めない。調査研究が難しい一方で、多くの心理専門家は実際に被災地で活動を行ってきた。支援者やボランティアとしての体験や活動を統一したフォーマットで集計したり、集約するなど実践活動を知見化するシステムが望まれる。

3. オープンキャンパス

高校生の進路選択に合わせて、大学が研究科ごとに取り組んでいる大学紹介は、オープンキャンパスとしてよく知られている。東北大学でも毎年 7 月末になると、全国から多くの高校生が大型バスでキャンパスを訪ねて来る。

震災子ども支援室は、オープンキャンパスでは毎年、年次報告書や調査報告書、研修会報告書を展示していたが、2019 年には、例年より広い講義室を会場として、東日本大震災を伝えるパネル展示、学会ポスターの掲示、年次報告書や調査報告書、研修会報告書の展示を行った。震災こころのケア研究会に参加してくれていた学生と教員で、震災や支援室の取り組みについて説明し、高校生からの質問に答えた。高校生や付き添いの父兄の中には、震災子ども支援室が広報活動として配ってきたチラシやカードを見て、震災子ども支援室を知っていると伝えてくれる人たちもいた。会場に長時間留まり、震災子ども支援室が作成してき

写真 9-5　東北大学オープンキャンパス（2019）

た数多くの資料に目を通してくれる高校生たちの姿は印象的であった。

　2019 年の高校生は震災当時、小学生である。震災から年月が経ち、震災当時のことを鮮明に覚えている若い世代が少なくなっていくこと、特に被災地外からやってくる若い世代には震災が身近でないことを考えると、東日本大震災が、いつ、どこで起こったどのような出来事であったのかを、若い世代へ向けてわかりやすく伝えていくことの重要さが改めて実感された。

参考文献・資料

朝日新聞（2015）．「災間」を生きる　朝日新聞　3 月 10 日（朝刊），15

河北新報（2019）．共に歩もう／人に寄り添い研究　河北新報　2 月 18 日（朝刊），23

二本松直人・千葉柊作・久我樹里佳・菅原朋・塚越友子・富田悠斗・関奏子・渡邊久留美（2020）．原発避難が青年期の対人関係にもたらした影響に関する一考察　東北大学大学院教育学研究科研究年報，69(1)，99-119

関奏子・塚越友子・二本松直人・富田悠斗・千葉柊作（2019）『東日本大震災を学ぶ－当事者・実践者・研究者の視点から－』東北心理学研究，68，4

震災子ども支援室（2018）．シンポジウム報告書　東日本大震災後の子ども支援－高校生・大学生が見つめる被災地の現在－　東北大学大

学院教育学研究科

渡邊久留美・久我樹里佳・菅原朋・富田悠斗・千葉柊作（2019）．『大規模災害における心理学的研究動向－子供に焦点を当てて』東北心理学研究, 68, 50

第 10 章　震災子ども支援室の 10 年間　〜結びにかえて〜

　震災子ども支援室が毎年発行してきた年次報告書の冒頭には、その年度の活動の概観と翌年度への思いが綴られている。以下に、各年度の年次報告書の冒頭部分から一部抜粋しながら、その時々に立ち止まっては確認していたことを振り返り、本書の結びとしたい。

　初年度と 2 年目は、開室の経緯と抱負、そして、"S-チル" という愛称の由来を記している。本書冒頭の設立方針にも記したその由来は以下のとおりであった。

> "S-チル" には、「3 月の震災後の相談の S から始まり、子ども達（チルドレン = チル）の健やかな成長と幸せを支えることを目ざす S」の意味を込めています。(H23)

　開室から 10 年がたち、当初目指されたものは叶えられただろうか。確かに、直後は震災が主訴となる相談が主であったが、その後は次第に、震災を前面に掲げる相談は減少し、震災由来か否かの判断がつきにくい相談が増えていった。よく聞くと何らかの震災との関係がわかってくるような場合もあれば、相談者本人であっても、震災と関係があるかどうかを明言しにくいという場合もある。間欠的に継続して電話をかけてくる相談者も、時間とともに、初期の相談内容とは変化し、その時その時の生活の中での困りごとや思いを語るようであった。こうした傾向は、電話相談だけではなく、里親サロンや自治体の連絡会議での報告においても同様である（第 3 章、第 7 章）。10 年がたち、震災時の小学 1 年生は高校生に、中学 1 年生は大学生や社会人になっている。震災そのものの相談から始まり、確かに続いていく「その後」の生活と、子どもの成長を支えることを目指した S は、震災子ども支援室の 10 年間とい

143

う時間経過の中に埋め込まれてきた。閉室後も、子どもたちの「その後」への祈りが続く。

> 被支援側と支援各団体側に関する最新の動きをとらえつつ、コンパクトで実働的な組織づくりと、柔軟で身の丈に合わせた活動を目指したいと思います。（H23）

　支援室体制の運営については、最初から最後まで、常に最重要課題のひとつであった。10年間、支援室のマンパワーの変動という課題の中で、「身の丈に合わせた活動」を維持するために、繰り返し体制の見直しをしなければならなかったからである。

　大きな災害の後、「どこかにあって欲しい支援」や「そうありたい支援」の姿は考えやすい。しかし、それは必ずしも「自分たちが担える支援」とは限らない。沿岸被災地から離れた仙台市にあり、少ないスタッフによる稼働には、できないことの方が圧倒的に多いのである。当初から、この点を念頭におき、数多い他の支援団体や自治体と連携協働体制をとりながら、震災子ども支援室だけでは実現できない事業を形にしていく方向性を考えていた。常に認識しなければならないのは、時間の中での被災者（被支援者）の状況とニーズの変化、他の支援者の動向、そして震災子ども支援室自身の活動可能性と能力の範囲である。この3点の現実が組み合わされてはじめて、その時にできる支援が見えてくるということを、最初期から最後まで実感しながらの活動であった。

> 相談事業はフリーダイヤルの電話相談を開始したことで、遠方からも当事者相談が届いています。こうした個別相談は、他の事業や活動の土台であり、電話口の個々の声には丁寧な対応を続けています。（H24）

　震災後、仙台いのちの電話に寄せられた電話相談には、「誰か人と話

したかった」「つながってよかった」という声があったという。耳元で人の声を聞くことのできる電話は、インターネットとはまた違う親しさで、不安なこころに届いたに違いない。

　支援室にとって、電話相談や来所相談など、当事者の個別相談を受けることは、今現在、被災地に何が起こっているのか、どのような困難の中にあるのか、どんな思いでいるのかを、直接、その人の言葉で聞くことのできる場である。支援室がどのような事業や活動を行わなければならないかということは、いつも相談の声が教えてくれた。

　発災後、随所で開設されていた電話相談は、時間とともに減少し終了していった（一條・加藤，2017）。震災子ども支援室に届く電話相談の件数も終盤は大きく減少した。しかし最終年度にも、震災に関係する電話はかかってきた。震災子ども支援室が、最後まで震災電話相談を標榜したのは、電話回線が震災と震災後をつぶさに伝えてくれたからである（第 2 章）。

> 活動と業務内容については、前年度を継続・充実するもの、ニーズの変化に応じて縮小するもの、新たに開始されるものなど、業務を概観して調整が行われました。（H25）

　開室から 3 年目には、既に、業務内容の整理調整を意識している。先に記したように、その目的は、「被支援者側と支援団体側」の動向を把握した上で、「コンパクトで実働的な組織づくりと、柔軟で身の丈に合わせた活動」を目指すことであった。

　一般的に支援者は、行っている支援の縮小を躊躇する。震災子ども支援室もそうであった。しかし、事業全体を概観した時、何かを諦めなければならない時がある。支援室のエネルギーを集約し、より求められている新たな活動への展開につなげることが必要な時である。その一方で、最も重要で必要な当事者への支援は、いかに総数が減っても、1 件でも相談がある限り最後まで続ける方針を変えなかった。

この時期の相談は、子どもを心配する保護者、支援者によるものが主であった。子どもは身近な大人にしっかり抱えてもらうことによって安心できる。したがって、不安な大人を支えることが重要な時期であると感じた。震災により親を亡くした子どもたちを引き取って育てる親族里親等への支援（里親サロン）もこのような方針によるものであった。子どもへの直接支援は、H27年から始まる震災遺児・孤児を対象とした学習支援を待つことになる（第5章）。

> 阪神淡路大震災後、兵庫県教育委員会は、震災前に生まれた全ての子どもが中学校を卒業するまでの長期継続的な見守りを続けました。その15年間の中で、小中学校に在籍する要配慮児童生徒数は、3年目をピークに全学年において減少していきましたが、はっきりとした減少に転ずるまでには5年の年月を要したとされています*。東日本大震災から平成27年3月でまる4年。まだまだ息の長い活動が必要です。（H26）
>
> ＊兵庫県教育委員会 2010 「平成21年度阪神・淡路大震災の影響により心の健康について教育的配慮を必要とする生徒の状況等に関する調査の結果について」

阪神淡路大震災が遺してくれたものには、随所で助けられた。先の見通しをもてない私たちが、闇雲に手を伸ばして進んでいこうとする道のりの中で、先の大災害後の道標を見つけること、遠くからその後の姿を見せてもらえることはどれほど支えになっただろう。

しかしそこにはいつも、「まだまだ先は長い」という教えがあることも認めなければならなかった。震災から1年、3年、5年・・と、人が区切りをつけたくなるのはそのせいだろうか。熱心な報道も、3.11の少し前からその日を迎えるまでの時期が圧倒的に多い。

思えば、「震災後」は、どこかで終わるわけではない。私たちが生きている限り、「震災後」は続いている。時間や月日は誰にも平等に流れるが、大事なのは、心の中での時の刻み方は人によって大きく異なるこ

とである。それ故、“それぞれの区切り”に添うことが心理臨床の役割となるのだろう。

阪神淡路大震災に関する資料は、もうひとつ、「遺すこと」の重要な意味を教えてくれた。

正しい記録をまとめることは、後世に有用な知見を提供してくれる。東日本大震災後、多くの支援者とともに、全国から多くの研究者も被災地を訪れた。後になって冷静に考えれば、大規模震災直後の被災地は、ありのままに記録し遺すべきことばかりだったことが理解できる。しかしその当時は、震災子ども支援室の役目である“支援”の難しさに直面し、まとめて伝えるという作業に向かう余裕がなかった。それだけではない。おそらく、当地出身の個人としての自分が、どこか深いところで大きく傷ついており、距離を置いて客観的に「遺す」ことに取り組むことが出来なかったのだと思う。阪神淡路大震災以後の記録や数多くの資料が、後の大災害禍にある私たちを支えたことは、次に私たちがやらなければならないことについて、遅まきながら気づかせてくれることになる。

> 震災から時間がたち、子どもたちは成長し、保護者のニーズも変容しています。一方で変わらないこころの重さも片隅に存在します。変わっていくものは見えやすいですが、変わらないものは時間とともに見えにくくなっていきます。“S-チル”は、今後も、自身の活動を謙虚に振り返り、その時その時に必要な支援内容の検討を続けながら、活動を継続していきたいと考えています。（H27）

心理臨床に携わっていると、心理支援のゴールは当事者の「変化・変容」ではないかもしれないと思うことは多い。被災者の心の中で、確かに変わっていくものもある。しかし、変わらないものもある。復興とは黒が白になるということではないと知ったとき、きわめて色幅の広いグレーの中に自分をどう漂わせて生きていくのか。自分の色、家族の色、

他者の色、居住地域の色、被災地外の地域の色、日本国内の色の違いを
どう感じながら生きていくのか。

　それぞれの差異は、孤独、淋しさ、痛みにつながるかもしれない。し
かし逆に、慰め、希望、励ましになることもあるかもしれない。震災か
ら時間がたつ中で、その地、その人には、見える色だけでなく、外から
は見えない色もあることを心に留めることをいつも考えていたと思う。

震災後6年を過ぎた今年度は、何をどこまでやってきたのか、活動
の後半に向けて、これからは何を目指していくのかについて、考え
ることの多い1年であったように思います。
…震災子ども支援室が開室当時に掲げた、「時間の中での支援」、
「関係の中での支援」、「文化の中での支援」の3本柱は、変わって
いくことの是非を問うのではなく、変わっていくことの意味を考え
ることの重要さを示しています。支援室に変化が必要なこと、変化
しないことが求められることをよく考えながら、今後も活動してい
きたいと思います。(H28)

　平成28年度は、6年間の事業をデータ化しそれまでの活動を概観し、
それを踏まえて支援室の後半の方向性を考える時期であった。「変わる
こと」「変わらないこと」は、実は、支援室自身にも当てはまる。変わ
らず続けていくことは何なのか、変わっていかなければならないことは
何なのか、そして、変わるにしても変わらないにしても、それは何故な
のかを繰り返し問いながら、後半の支援室のあり方を模索しようとし
た。

　この年の4月、震災遺児家庭への調査報告書をまとめた（H28「東日
本大震災で親御さんをなくされたお子様を養育なさっているご家庭への
アンケート」）。保護者が相談できる人で多くあげられたのは、家族、親
戚、友人であり、身近な人たちは、必要不可欠なサポートとして重要で
あることは間違いなかった。しかし一方で、家族、親戚などに対して

は、その身近さ故に、気遣いや葛藤も生じやすく、むしろ本音を抑えてしまうというストレスもうかがわれた。それにもかかわらず、公的な相談への希望は低いという結果に、またしても“待つ支援”の難しさを感じなければならなかった。震災から 5 年を過ぎ、以後の支援を考えるには、現在の課題への感受性を高めながらも、“今ではない支援”の可能性も念頭におき、その人にとって必要な時に応じられるような関係性を維持していくことが大事だと教えてもらったように思う（第 4 章）。

残る 3 年間をどのように活動していくかについて，大事なことが 2 つあると考えています。ひとつは，「2011 年 3 月 11 日の大震災があった地への支援」から「2018 年の今を生きている地への支援」という視点への転換です。「今、被災地に何が起こっているのか」をとらえながら活動するということは、これまでも常に自身に言い聞かせてきたことでしたが、それは震災の爪痕とこころの復興の実態への注視という面が大きかったと思います。今、最終期の活動方針を見据えるにあたってあらためて挙げたいのは、その地には、震災後の経過というだけではなく、震災との関連の有無にかかわらず流れる時間があり、組み合わさって現在の日常となっていることです。現在の問題が震災由来の問題であるかどうかを見極めることにとらわれず、総合的に今の問題に向き合っていく気持ちを持ちたいと思います…時間が経つにつれて、それぞれの（相談機関の）報告書から震災のキーワードが消え、「震災後の相談」は、それ自体を取り出してその傾向や様相を知ることが難しくなっています。先に述べたように、それは被災地の日常の姿として当然のことではありますが、その一方で、震災子ども支援室の活動が、震災支援、殊に子ども支援に特化して設置された特色を踏まえながら、活動を振り返りまとめることには、長期間に渡る震災後の経過資料という社会的意義があるのではないかと考えています。(H29)

前半に記しているのは、「変わるもの」も「変わらないもの」も含みこんだ被災地のまるごとの日常への思いである。震災子ども支援室は、震災だから／震災なので、対応するのではない。震災後、その地に暮らし、働いてきた、今そこに生きている親子、家庭、専門職に求められるなら、それは必要な震災支援であろう。このような思いから、この年、自治体の乳幼児健診、発達相談、保育所巡回などを担当する心理士の派遣事業の構想を固めることとなった（第8章）。

　後半の記述は、震災にまつわる記録を「遺す」ことの重要性に再び触れている。震災にかかわらず、日常をまるごととらえようとする心理臨床の方向性と、震災を意識した記録という方向性は、相反するものに聞こえるかもしれない。しかし、支援室が被災地の日常への対応を継続しながら終局の姿を模索するとき、それは双方ともに重要な意味をもっていると思われた。同時に、次へ「繋ぐ」ことの重要性も感じていた。そうした思いは、被災地で震災支援活動やボランティア活動、震災に関する調査活動を行っている高校生と大学生に、その体験を報告してもらうシンポジウムの開催、大学生の震災を学ぶ研究会活動、研究交流会等（第9章）につながる。一方で、支援室が続けてきた事業についても、閉室後の委託先の調整が始まった。

　平成30年度は災害の年でした。1月から3月の記録的な大雪、4月の島根県西部地震、6月の大阪府北部地震、西日本を中心に全国的に広い範囲の被害を招いた平成30年7月豪雨、9月の北海道胆振東部地震他と、9月台風による暴風と水害、災害級と言われた猛暑も含め、日本が日常的に災害と隣り合わせであることを痛感させられる一年となりました。
　…北海道胆振東部地震の被災地、厚真町から依頼を受け、対人援助職にあたる方々のメンタルヘルスのために訪問しました。冒頭に記したように、多くの災害が次々に起こる中、外から入る支援者として何が出来るのか、私たちが経験したことはどのように他の地域に

役立ててもらえるのか、そのためには何が必要なのかなど、今後の
震災子ども支援室の姿勢について考えさせられる出来事となりまし
た。実は、厚真町訪問を前に不安だった私たちは、日頃大変お世話
になっている南三陸町の保健師や保育士の皆さんのお話をうかが
い、あらためて支援のあり方について多くを学ばせていただきまし
た。それらの貴重な知識を糧に厚真町に向かったという経緯があり
ます。震災子ども支援室は、支援者側ではあるのですが、いつもこ
んな風に周囲の力強い "支援" を頂いて仕事ができていることを、
皆様にお伝えしたいと思います。(H30)

　東日本大震災後も、災害は起こっている。災害は、そこに積み上げて
きた人の暮らしを崩壊させ、柔らかなこころを挫く。人の力では抗えな
いものに対して、私たちは、どんな構えをもつことができるようになっ
ただろうか。

　この年、北海道胆振東部地震の被災地、厚真町を訪れたことは、震災
子ども支援室にとって大きな出来事となった。被災経験や支援経験は、
次の災害にどのように役立てることができるのかということは、支援室
が「遺す」「繋ぐ」作業に向かう際の大きなテーマだったからである。
起こる災害は同じではない。前の体験ではわかることとわからないこと
がある。逆に、わかったつもりになってしまう誤謬による支障は大きい
かもしれない。支えられた人が支え手になり、その時にできることを精
一杯に行い、また次の支え手にバトンを渡していく一方で、支え手であ
ると思っていても、実は支えられていることに気づく機会であった。

　今後も、災害が起こることは避けられない。その際、東北の支援者
は、自身の災害体験をもつ支援者として、被災地に入ることになるだろ
う。先の災害体験者が外部支援者として新たな災害支援に従事する際、
体験があるが故に経験すること、抱く感情とはどのようなものか。あら
かじめ心構えできることはあるのだろうか。こうした問題意識から、震
災子ども支援室は、東日本大震災後、長期にわたり、県外から被災地の

学校に派遣されていた緊急支援スクールカウンセラーの調査を行った。その成果をもとに、多くの心理士が参集する学会シンポジウムにおいて議論する予定であったが、コロナ禍を受けて、残念ながらこの企画は中止となった。今後、別の機会を得ることができればと願うばかりである。

全国から高校生が集まった真夏のオープンキャンパスは、広い講義室を会場として、パネル展示と説明等を行いました。毎年、学校にチラシやカードを配布してきたからでしょうか、高校生やご父兄の方が、震災子ども支援室の存在を既にご存じだったのは大変嬉しいことでした。その一方で、現在の高校生は震災当時小学生だったことを考えると、東日本大震災の記憶のない世代が増えていることも実感します。「東日本大震災のことは、当然、皆が知っているはず」と決めてかかるのではなく、いつ、どこで起こったどのような出来事であったのかについて、わかりやすく伝えていくことの重要さを感じます。当日は、会場に長時間滞在して、震災子ども支援室が作成してきた数多くの資料に目を通してくれる高校生たちの姿が見られ、大変心強く感じました。（R1）

オープンキャンパスでは、毎年、震災子ども支援室の刊行物を並べ、支援活動の紹介を行っていた。この年は初めて、東日本大震災の写真、地図、統計等を展示し、震災そのものについての説明を加えた展示室を設けた。それまで、参加者自らが学ぼうとして集まる研修講話のような場であっても、震災の写真を示したりその説明をすることは、どこか痛みに触れるようでなかなかできなかった。相手に与えるかもしれない衝撃を警戒もしていた。しかし、オープンキャンパスに集まった多くの高校生たちは、非常に素直に、真剣に、震災を知ろうとした。「時間が経つ」ということはこういうことなのだ。新しい世代を前にして、実は、むしろ、伝える側の構えが問われていたのだと気づく機会となった。

2020年の年明けより、新型コロナウイルス感染拡大という非常事態に全世界が見舞われています。…地球規模の脅威に直面しながら、日常生活のひとつひとつについて自分がどう考え行動すればよいのかを問われているように思います。今は、一日も早く終息に向かってくれることを祈りながらも、これまでもそうであったように、今、出来ることを粛々と行って参りたいと思います。(R1)

　2020年は、新型コロナウイルス感染拡大防止のための行動自粛により、4月新学期になっても大学構内に学生の姿はなかった。人気のない構内に桜が美しく咲いている光景は、2011年、東日本大震災後の春と同じであった。

　世の中には、人知の及ばないことがある。災害も、気候変動も、ウイルスも、人間は自身の制御下に置こうと努力を続けるが、それは決して容易なことではない。災害の発生を止めることはできないとしても、せめてその影響を可能な限り減じるための努力も行われる。しかし、東日本大震災後に多用された"想定外""未曾有"という言葉は、それが人知の域をはるかに超えた出来事であったという無力感を伝えた。

　これに対して、震災後の日々は人為そのものである。復興とは、時間を経て、同じ地点に戻る巡りではなかった。喪失の中で立ちあがり、喪失を抱えながら動き出す。失ったという事実が消えるわけではないが、新たな喜びに出会う日常もやってくる。人が人を支えている。支えてもらった人が次の誰かを支えていく。過去を温ね未来に繋げようとする次の世代が、中継地点で待っていてくれる。

　本書では、里親サロン、学習支援、心理士派遣に従事して下さった方々に、各事業では出来なかったことや今後の課題を語ってもらった（第4章、第6章、第9章）。いずれの場でも共通してあがったのは、「利用できない方々の存在を考えると、もっと広く支援の取り組みを届けること」「最も重要なのは継続」「記録の必要性」であった。震災子ど

も支援室は、10年をもって一旦着地するが、東北大学大学院教育学研究科は、2021年より新たに後継事業を立ち上げる予定である。災害に向き合う研究科として、今後も支援活動を継続し、震災子ども支援室の10年間が出来なかったことを必要な方々に届ける努力を引き継いでくれることを期待している。

　最後に、震災子ども支援室の活動を支えて下さった多くの皆様方への感謝を述べたい。震災後、誰もが無力感の底に沈んでいた時に、10年間という長期を見越した継続的で多額の寄附のお声がけをいただいた。これが全ての始まりであった。その後、多くの方々からも善意を寄せて頂き、継続的定期的な寄附にも支えていただいた。閉室年度を迎えた現在も、支援室への寄附のお申し出をいただく。どの方々も、私たちに活動の自由を与えてくださった。こうした寄附者の善意と信頼を何より有り難く感じながら、被災地に向けた支援の意味に向けて自問自答を続け、支援室活動を行うことができた。活動の実際にあたっては、自治体の関係各位、特に、宮城県中央児童相談所、東部児童相談所、東部児童相談所気仙沼支所、東部保健福祉事務所、宮城県教育委員会、仙台市教育委員会、岩手県教育委員会、福島県教育委員会、各市町村の担当の方々に、震災子ども支援室へのお力添えをいただいた。あしなが育英会、宮城県里親会、みやぎ里親支援センターけやき、みちのく未来基金等の各団体とスタッフの皆様には多くのご助力とご支援をいただいた。学習支援に力を尽くしてくれた東北大学の学生たちには、子どもたちのお兄さんお姉さんとなって大いに活躍していただいた。毎年実施したシンポジウムには多くのシンポジストの方々にご協力いただいた。シンポジウムに参加して下さる方々や、その場においでになれなくても、報告書に感想を下さる方々にも力を頂いた。この場をお借りして、お世話になった全ての方々に、心より感謝の気持ちを申し上げたい。

参考文献・資料

一條玲香・加藤道代（2017）．震災後のこころの相談支援活動に関する

文献を概観して　東北大学大学院教育学研究科研究年報, 66（1）,
225-242

震災子ども支援室（各年）　年次報告書

付　記

　東北大学大学院教育学研究科震災子ども支援室は、2011 年 9 月に開室してから 2021 年 3 月に閉室するまでの 9 年半にわたり、震災で大事な人やものを失った子どもたちとその子どもを育て見守る大人への支援を行ってきた。本書は、その活動をまとめたものである。著者、加藤道代は、開室から閉室まで継続して室長を務め、支援室の管理運営とともに実務にも携わった。共著者である一條玲香は、震災後 7 年目から閉室まで研究員として携わり（2017 年 4 月から 2019 年 3 月まで特任助教、その後閉室まで非常勤研究員）、震災支援に関する先行研究のレビュー、子ども支援室の活動のデータ化と分析、テーマに基づく調査を担当した。本書の基礎データは、その成果に拠っている。

　教育学研究科内に置かれた支援室として、研究科長、教職員の方々には多くの助言と示唆、協力を頂いた。教育研究や業務に忙しい合間を縫って、支援室主催のシンポジウムに参加してくださった方々にも御礼申し上げたい。

　支援活動の実務は、以下の震災子ども支援室スタッフが担った。押野晶子（2012 年 3 月〜閉室）は、保健師としての専門性を活かした相談活動の他、地域保健活動の知識と経験を踏まえて、市町村保健師とのパイプ役を担ってくれた。特に、南三陸町子ども連絡会議や心理師派遣事業のとりまとめに貢献した。亀倉大地（2020 年 8 月〜閉室）は、支援室の最終年度に心理士として加わり、即戦力として支援室を助けた。嶺岸真琴（2019 年 8 月〜閉室）は、事務員として支援室の順調な稼働を常に気遣ってくれた。支援室の事務作業に加え、緻密で正確な作業で報告書や本書作成に貢献した。平井美弥（開室〜 2020 年 8 月）は、心理士として相談を担当した他、支援室の活動全般に広く関わった。特に里親サロンでは継続してファシリテーターを務めた。大堀和子（2013 年 4

月～ 2020 年 3 月）は、電話相談に携わる他、主として "しゅくだい塾"
（学習支援）のコーディネーターを担った。福祉士として、地域資源の
活用や連携に詳しく、支援室の支援の幅を広げた。久保玲子（開室～
2012 年 7 月）は、岩手在住相談員であった。最初期のメンバーのひと
りとして、開室時の被災地視察にも同行した。

　震災子ども支援室は、教育学研究科とこれらスタッフの力によって長
期にわたる支援活動を続けることができた。それぞれの尽力に心より感
謝申し上げたい。

> 震災子ども支援室は、東日本大震災で亡くなられた多くの方々のご
> 冥福をお祈りするとともに、当時の子どもであった方々を含む全て
> の子どもたちの健やかな成長と幸せを、これからもずっと、心より
> 願っています。

資　料

Ⅰ. 2012 年度から 2019 年度までの相談データの集計

1. 相談回数の年次推移

　相談回数は、2013 年度にピークを迎え、その後減少した。8 年間での総相談回数は 1615 回であった。

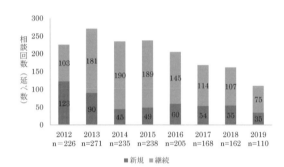

図Ⅰ-1　相談回数の年次推移

2. 相談人数の年次推移

　総相談人数（実数）は、513 人であった。各年度の人数（実数）と相談回数（延べ数）（図Ⅰ-1）を比較すると、2014 年度〜 2015 年度にかけては、同じ相談者による複数回の相談が多かったことがうかがえる。

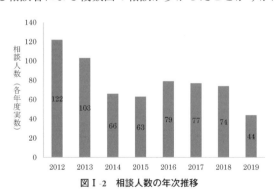

図Ⅰ-2　相談人数の年次推移

3．月別相談回数

　全体では、年度初めの4月から6月にかけて相談が多かった。2017年度以降は、チラシ配布後の1月〜3月にかけて相談が増加した。

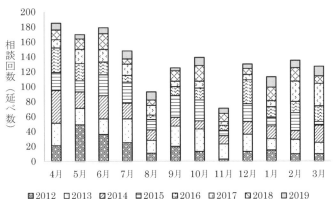

図Ⅰ-3　月別相談回数

4．相談者地域推移

　相談者を地域別にみると、震災子ども支援室のある宮城県からの相談が圧倒的に多い。2015年度以降は岩手県から、2016年度以降は福島県からの相談が増加した。

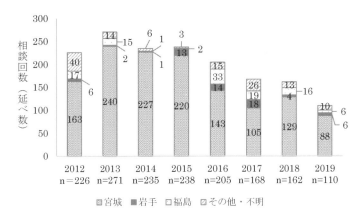

図Ⅰ-4　相談者地域推移

5. 相談形態推移

　電話での相談が最も多く、2012 年度～ 2016 年度までは約 7 ～ 9 割を占める。2012 年度から 2015 年度は会議や訪問も行われていたが、少なくなり、2017 年度以降はメールでの相談が増加した。メール[22] での相談は通常行っていないが、チラシにメールアドレスを載せているため、メールで相談が寄せられることもあった。

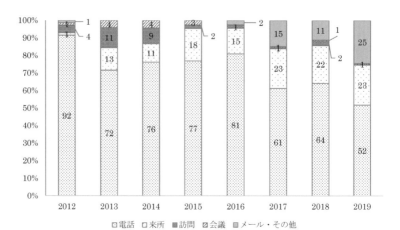

図 I -5　相談形態推移

[22] 震災子ども支援室がメール相談を行うかどうかについては、支援室内で議論があった。現在は利便性が注目されているメール相談だが、支援室開室当時はまだ一般的ではなかったことから、対応の知見は十分ではないことを考慮し、メール相談を積極的に標榜はしてはいない。しかし、実際には子どもからのメールが届くことがある。その場合には拒否はせず、「できれば電話でお話ししませんか」という声がけを行いつつ、慎重に対応している。

6. 相談内容推移（相談回数（延べ数））

　2018 年までは、「体調・精神不調」に関する相談が最も多かった。「子育て・発達」に関する相談は 2012 年度、2013 年度と初期に多く、2014 年度には「学校関係」の相談が急増し、以降一定の相談があった。

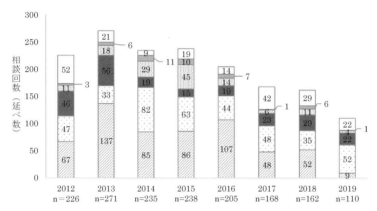

図 I -6　相談内容推移（相談回数）

7. 相談内容の割合

　8年間全体では、「体調・精神不調」に関する相談が最も多く、次いで「学校関係」、「子育て・発達」に関する相談が多かった。

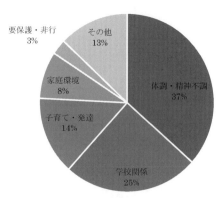

図 I -7　相談内容の割合

8. 相談者推移

　本人からの相談が最も多く、年を追うごとに割合も増加している。次いで母親からの相談が多かった。

	2012	2013	2014	2015	2016	2017	2018	2019
その他・不明	37	4	1	3	4	13	2	8
行政・学校・関係機関	13	64	50	25	23	13	31	2
親族その他	6	1	0	0	1	3	0	0
里親	3	4	9	12	4	4	8	0
祖父母	11	23	5	26	6	6	8	3
母	72	64	61	20	58	37	44	21
父	16	15	9	1	0	1	1	0
本人	68	96	100	151	109	91	68	76

図 I -8　相談者推移（上は割合、下は相談回数）

9.　本人相談

①相談者の属性推移

　相談事業開始から少しずつ、子ども本人（「児童・生徒」、「専門・大学生」）からの相談が増加していった。震災当時は幼児や小中学生だった子どもたちが、時間がたつにつれて、自分で相談し始めたと考えられる。2018 年度あたりからは学生から「有職」になった人、つまり学校を卒業し、社会人になってからも継続的に相談する人がみられた。

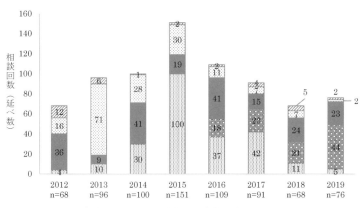

図Ⅰ-9　本人相談属性推移

（＊令和元年度までの年次報告書のグラフでは、初期相談時の属性で計上したケースと相談時の属性で計上したケースが混在していたため、集計に誤りがありました。訂正してお詫び申し上げます。）

②大人（有職／無職／不明）の相談内容

「体調・精神不調」に関する相談がいずれの年度でも多かった。また家族関係・経済的問題などを含む「家庭環境」に関する相談と本人の性格などを含む「子育て・発達」に関する相談が一定数みられた。

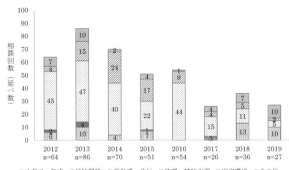

図Ⅰ-10　本人相談における大人の相談内容の推移

③子ども（児童・生徒／専門・大学生）の相談内容

　子どもの相談では、「学校関係」の相談が多くを占めた。「学校関係」の相談には、不登校の相談、友人関係の相談、学校、勉強に関する相談などがみられた。なお、子どもの相談に「子育て・発達」が含まれるのは、「子育て・発達」に「本人の性格」を分類しているからである。

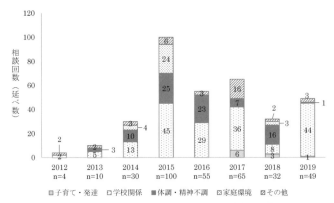

図Ⅰ-11　本人相談における子どもの相談内容の推移

10.　関係者（親族）相談

①相談内容推移

　関係者（親族）からの相談は、相談事業開始当初に多く、その後減少した。「子育て・発達」、「学校関係」、「体調・精神不調」が主な相談であった。

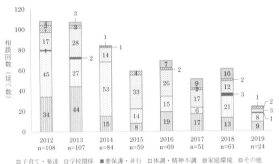

図Ⅰ-12　関係者（親族）からの相談内容推移

②対象者の性別推移

　ここでは、関係者（親族）による相談において、その関係者が誰の相談をしているかということを、相談の「対象者」と呼び、以下に、対象者の詳細を記す。2012 年度から 2019 年度までの合計で、男性対象者に関する相談は 308 回、女性対象者に関する相談は 242 回、不明 13 回であった。

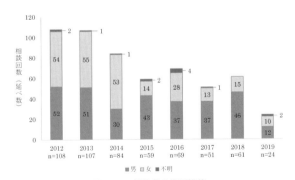

図Ⅰ-13　対象者の性別推移

③対象者の属性推移

　対象者の属性では、「小学生」、「中学生」に関する相談が各年度を通して多い。2017 ～ 2018 年度にかけては、「専門・大学生」に関する相談が増加した。数は少ないが、成人した子どもに関する相談も寄せられた。

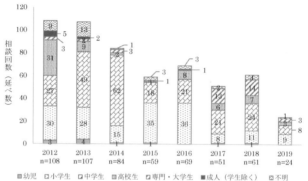

図Ⅰ-14　対象者の属性推移

④対象者の属性×性別

　「小学生」、「専門・大学生」に関する相談では男性が多いが、「中学生」、「高校生」では、ほぼ同数、「幼児」、「成人（学生除く）」、「不明」では女性が多かった。

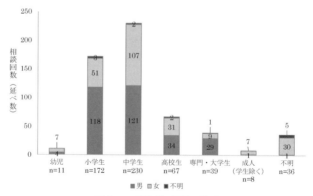

図Ⅰ-15　対象者の属性×性別

⑤対象者の属性×相談内容

「幼児」では、「子育て・発達」に関する割合が高く、「小学生」では、「子育て・発達」、「体調・精神不調」に関する相談の割合が高い。「中学生」、「高校生」では「学校関係」に関する相談の割合が高く、「専門・大学生」では「体調・精神不調」、「学校関係」の割合が多かった。

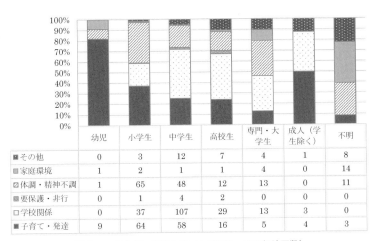

	幼児	小学生	中学生	高校生	専門・大学生	成人（学生除く）	不明
■その他	0	3	12	7	4	1	8
▨家庭環境	1	2	1	1	4	0	14
▨体調・精神不調	1	65	48	12	13	0	11
▨要保護・非行	1	1	4	2	0	0	0
☐学校関係	0	37	107	29	13	3	0
■子育て・発達	9	64	58	16	5	4	3

図Ⅰ-16　対象者×相談内容（上は割合、下は相談回数）

11. 行政・学校・関係機関の相談内容推移

　行政・学校・関係機関の相談には、コンサルテーションや情報交換、ケース会議などが含まれる。精神疾患を抱える「体調・精神不調」や虐待・DVが疑われる「要保護・非行」では他機関との連携が多く行われた。

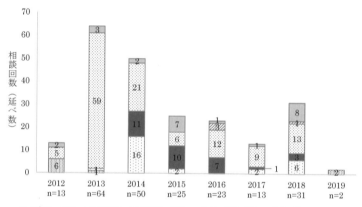

図Ⅰ-17　行政・学校・関係機関の相談内容推移

12.　継続相談の人数と総相談回数に占める割合

　513 人の相談者のうち 379 人（約 74 ％）は 1 回のみ、458 人（約 89 ％）は 4 回までに相談が終了した。一方、総相談回数に占める割合は、1 回のみ相談が 23.5 ％、11 回以上が 52.2 ％に上った。

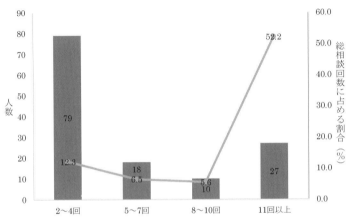

図 I -18　継続相談の人数と総相談回数に占める割合

13.　要支援者の内訳

　5 回以上相談している 55 人の相談者のうち、関係機関等を除く本人と関係者（親族）の 44 人を要支援者として集計を行った。要支援者は本人による相談が圧倒的に多かった。

表 I -1　要支援者の属性、人数、相談回数と相談割合

	本人	関係者（親族）					計
		父	母	祖父母	里親	親族その他	
相談者数(人)	26	2	9	3	3	1	44
相談回数(回)	537	33	145	67	24	5	811
総相談回数に占める割合(%)	33.3	2.0	9.0	4.1	1.5	0.3	50.2

14. 要支援者の相談内容

　要支援者・本人からの相談では、「体調・精神不調」、「学校関係」、「家庭環境」に関する相談が多かった。要支援者・関係者（親族）からの相談は「体調・精神不調」、「学校関係」が多かった。

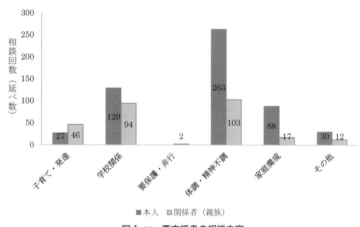

図Ⅰ-19　要支援者の相談内容

Ⅱ. 震災と子どもに関する心理学的研究の文献レビュー集計

1. 論文数の経時的変化

　2011 年の東日本大震災をきっかけに論文数が急増するも 2013 年以降は減少傾向にあった。

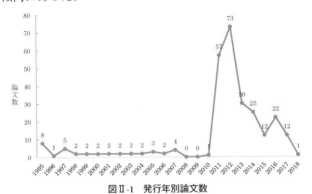

図Ⅱ-1　発行年別論文数

2. 資料種別

　論文種別は、主にストレス尺度などの数値化できる指標をもとに調査を行う「調査研究（量的)」、インタビューなどの数値化できないデータをもとに行う「調査研究（質的)」、「活動報告」、先行研究をまとめた「レビュー」、「概論・概説」、「体験・自伝的記憶」に分類した。活動報告や体験・自伝的記録といった体験に基づく報告が多かった。

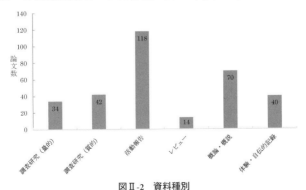

図Ⅱ-2　資料種別

3. 震災種別と対象地域

震災種別は、東日本大震災 204 件、阪神淡路大震災 41 件、その他 33 件であり、約 76％の論文が東日本大震災に言及していた。対象地域は、宮城、福島に関する研究が多かった。

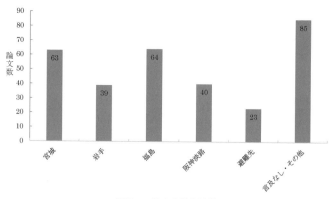

図Ⅱ-3　論文の対象地域

4. 論文の対象

論文の対象について、被支援者と支援者に分類し、言及されている対象者ごとに論文数を数えた。被支援者については、「子ども」という括りで書かれた論文が最も多かった。支援者では、「機関・団体」、「学校関係」について書かれた論文が多かった。

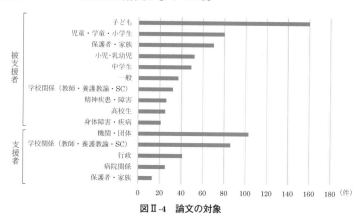

図Ⅱ-4　論文の対象

5. 論文の内容

　論文の内容について、論文の対象の状態像、支援方法、アセスメント、防災・復興に分類し、言及されている内容ごとに論文数を数えた。状態像では、ストレス反応・抑うつについて報告されている論文が最も多かった。支援方法では、心理相談やコミュニティへの支援について報告されている論文が最も多かった。

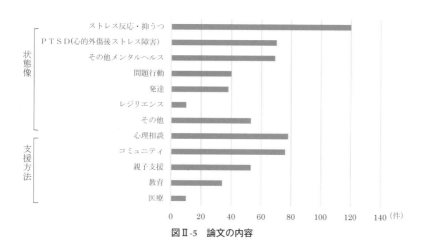

図Ⅱ-5　論文の内容

Ⅲ．報道一覧

①新聞
＜秋田魁新報＞

（2020）．震災孤児の里親を紹介／支援続ける大学院が冊子　6月20日（朝刊），22

＜朝日新聞＞

（2020）．震災孤児の里親たち　使命感・戸惑い・喜び／子育て共有　道のりを冊子に／東北大支援室「社会の理解広げたい」　5月14日（朝刊），17

（2020）．大震災と子ども／心の傷癒やす支援を息長く　3月30日（朝刊），6

（2019）．大人になっても相談できる場を／加藤道代・東北大教授に聞く　12月15日（朝刊），21

（2017）．震災相談なお100件　子どもからも増加／東北大　今年度の震災支援　2月19日（朝刊），27

（2017）．子どもへの支援　悩みや課題語る／仙台でシンポ　2月19日（朝刊），27

（2016）．震災で傷ついた子ら　支える／職業・専門生かしサポート／東北大「S-チル」がシンポ　3月4日（朝刊），24

（2015）．震災孤児・遺児　今は／里親は不安　支援団体シンポ　2月11日（朝刊），22

（2014）．不安・悩み多様化　被災者の命綱／電話相談シンポ　2月2日（朝刊），23

＜朝日小学生新聞＞

（2012）．復興のお仕事12／2012秋／「ひとりじゃないよ」と伝えたい　11月9日，3

<中日新聞>

(2019). 東日本大震災　あす8年／震災孤児里親　不安抱え／多くが親族　進む高齢化／東北大聞き取り調査　3月10日（朝刊），1

<北海道新聞>

(2012). 周囲の大人が安心させて／東北大大学院　加藤道代室長　3月10日（朝刊），29

<岩手日報>

(2020). 里親　孤児　絆の歴史／東北大大学院「支援室」／子育て道程を冊子に　6月18日（朝刊），21

<河北新報>

(2020). 東日本大震災9年／子どもの心の声　聴いて／東北大で被災地支援の心理士シンポ　3月7日（夕刊），3

(2018). 風化　東日本大震災7年／10代　語り始める／「聞いてくれる場」重要／インタビュー／東北大震災子ども支援室　加藤道代室長に聞く　3月18日（朝刊），30

(2017). あすへ　東日本大震災／子ども支援　振り返る／仙台でシンポ／被災3県から報告　2月19日（朝刊），29

(2017). 電話相談　今も年100件超／遺児や里親の悩み変化／学校生活と家族関係6割／東北大・震災子ども支援室　2月14日（夕刊），1

(2016). 透明な力を　災後の子どもたち／河北新報社編集局　編／再生発達する姿に畏敬／評・加藤道代（東北大大学院教育学研究科教授　震災子ども支援室室長）　9月11日（朝刊），29

(2014). 透明な力を　災後の子どもたち／戸惑う里親　周囲も支えて／東北大震災子ども支援室長　加藤　道代さんに聞く　5月23日（朝刊），3

(2011). 遺児の話　耳傾けて／震災後ケア／東北大で里親研修　11 月 27 日（朝刊），16

(2011). 震災遺児　どう見守る／東北大「支援室」の役割議論　11 月 20 日（朝刊），16

(2011). 震災遺児見守り　息長く　11 月 1 日（朝刊），23

＜毎日新聞＞

(2020). 震災孤児育てた里親／東北大大学院が冊子発行　6 月 19 日（朝刊），17

(2017). 被災児童の課題報告／東北大でシンポ／支援の大学生が紹介　12 月 10 日（朝刊），23

(2016). 震災遺児支援　仙台でシンポ／東北大・40 人参加　2 月 29 日（朝刊），25

(2015).「1 人ではない」伝えて／遺児シンポで支援者ら／東北大　2 月 8 日（朝刊），24

(2014). 木製遊具 40 点を児童施設に贈る／徳島科学技術高生徒ら／亘理　12 月 13 日（朝刊），25

(2011). 震災子ども支援室設置／1 月から／きょう記念シンポ／東北大　11 月 12 日（朝刊），25

＜日本経済新聞＞

(2020). 震災孤児の里親　冊子に／東北大院、悩み聞き取る　6 月 20 日（夕刊），7

＜東京新聞＞

(2014). 心災　4　次世代へ／模索　傷抱え生きる　3 月 11 日（朝刊），30

＜東奥日報＞
(2020)．里親と子の絆　つむぐ／道程まとめた冊子発行／東北大大学院
　　　　「震災子ども支援室」　6 月 17 日（朝刊），18

＜読売新聞＞
(2017)．「安心安全な日常　一番のケア」／東北大でシンポ／被災の子
　　　　支援 3 人が講演　2 月 19 日（朝刊），31
(2014)．孤児 2 人　92 歳の子育て／孫のため「あと 10 年は…」／高齢
　　　　者多く支援必要　3 月 10 日（夕刊），1
(2011)．「子ども支援室」シンポ　11 月 13 日（朝刊），35
(2011)．震災子ども支援室　開設／東北大／10 年間担当継続　相談対
　　　　応　10 月 21 日（朝刊），30

②テレビ・ラジオ
＜名取災害ラジオ＞
(2014)．「なとラジ 801」4 月 23 日

＜ NHK ラジオセンター＞
(2012)．「ラジオ朝いちばん（東日本大震災孤児）」7 月 16 日

＜ NHK 仙台放送局＞
(2019)．「震災孤児調査結果」12 月 28 日

＜ TBC 東北放送ラジオ＞
(2020)．絆みやぎ明日へ　親子が暮らす街〜あのとき大人に何が出来た
　　　　か〜　3 月 11 日
(2016)．「東日本大震災ラジオ報道番組『3.11 みやぎホットライン』」5
　　　　月 9 日

<テレビ東京>
(2011).「NEWS アンサー（東日本大震災）」

【編著者略歴】

加藤道代（かとう　みちよ）

　東北大学大学院教育学研究科教授。東北大学大学院教育学研究科震災子ども支援室長。専門は臨床心理学、生涯発達心理学。博士（教育学）。公認心理師、臨床心理士。

一條玲香（いちじょう　れいか）

　東北大学大学院教育学研究科総合教育科学専攻博士課程後期3年の課程修了（学位：教育学）。現在、尚絅学院大学総合人間科学系心理部門講師及び東北大学大学院教育学研究科震災子ども支援室研究員。専門は、臨床心理学、異文化間心理学。公認心理師、臨床心理士。

東日本大震災後の子ども支援

震災子ども支援室（"S-チル"）の 10 年

Support for Children after the Great East Japan
Earthquake:
A decade of the Support Office for Children Affected by
the Disaster（"S-chil"）

ⒸMichiyo KATO , Reika ICHIJO 2021

2021 年 1 月 25 日　　初版第 1 刷発行

編著者／加藤道代・一條玲香

発行者／関内　隆

発行所／東北大学出版会

　　　　〒 980-8577　仙台市青葉区片平 2-1-1
　　　　TEL：022-214-2777　FAX：022-214-2778
　　　　http://www.tups.jp　E-mail:info@tups.jp

印　刷／東北大学生活協同組合

　　　　〒 980-0845　仙台市青葉区荒巻字青葉 468-1
　　　　東北大学みどり厚生会館内 2 階
　　　　TEL：022-262-8022

ISBN 978-4-86163-350-8　　C3037